청소년들의 진로와 직업 탐색을 위한
잡프러포즈 시리즈 41

성장을 도와주는
은행원

청소년들의
진로와
직업 탐색을 위한
잡프러포즈
시리즈 41

성장을 도와주는 은행원

신만균 지음

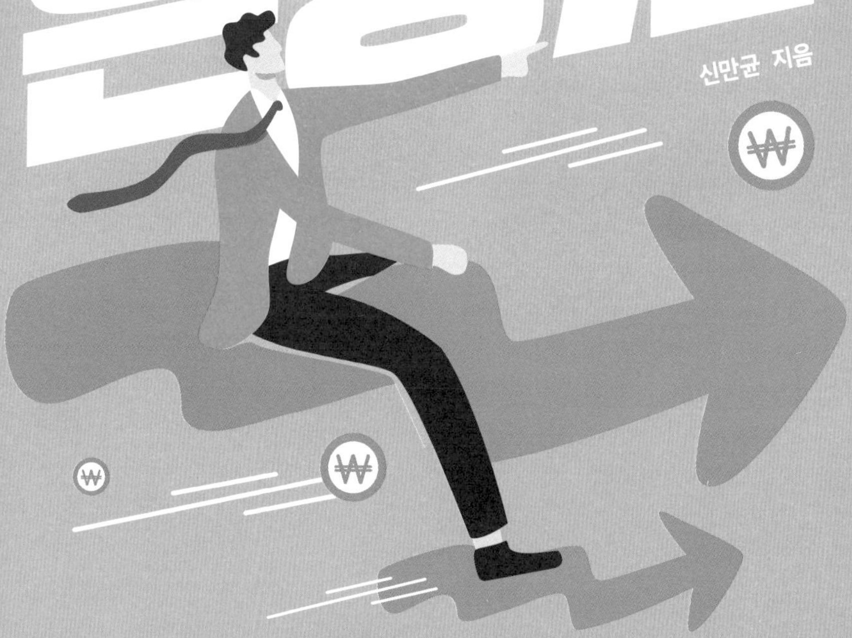

TALK SHOW

작은 비용을 조심해라.
작은 구멍이 거대한 배를 가라앉힌다.

- 벤자민 프랭클린, Benjamin Franklin -

얄팍한 사람은 운을 믿으며,
강한 사람은 원인과 결과를 믿는다.

- 랄프 왈도 에머슨, Ralph Waldo Emerson -

C·O·N·T·E·N·T·S

C·O·N·T·E·N·T·S

세상을 바꾸는 금융 전문가를 꿈꾸시나요?

저는 1993년에 은행에 입행해 올해로 벌써 29년째 은행 업무를
보고 있어요. 대학에서 경제학을 전공하고 자연스럽게 은행원이라
는 직업을 선택하게 되었죠.

은행 업무는 본점과 영업점 업무로 나뉘는데 본점에서는 상품개
발, 자금 운용 및 경영관리 업무를 수행하고 영업점(일반적으로 지점이
라고 칭한다)은 마케팅, 상품 판매 및 고객 관리 업무 등을 담당하고
있어요. 법률, 세무, IT 등 전문성이 요구되는 특정 업무도 있죠.
은행에 처음 입행하게 되면 대부분 영업점에서 근무를 시작하게
되지만, 본인 역량에 따라 다양한 업무 영역에 도전할 수 있는 기
회를 제공하고 있어요.

만약 여러분이 금융 전문가를 꿈꾸고 있다면 기본에 충실하고 고
객에 대한 배려와 공감할 수 있는 역량을 갖추는 것이 중요하다고

말하고 싶어요. 더불어 밝고 긍정적인 마인드, 세심한 업무 처리 능력, 사교성 있는 친화력을 가지고 있다면 은행원으로서 적합한 자질이 있다고 생각해요.

은행원으로서 필요한 자질을 살펴볼까요?
첫째, 고객의 소중한 자산을 관리하다 보니 엄격한 윤리의식과 정직성을 갖추어야 해요.
둘째, 은행을 찾아오는 고객들에게 다양한 상품을 권유하거나 비대면 채널을 통해 양질의 금융서비스를 제공하기 위해 고객 지향적인 마인드와 적극적인 서비스 개선 노력, 프로 의식으로 고객의 가치를 창출하는 고객 우선주의 마인드를 가지고 있어야 해요.
셋째, 혁신적인 사고방식으로 변화를 선도하고 최고 전문가로 성장하기 위해 끊임없는 자기계발 노력을 병행하는 적극적인 사고와 행동이 필요해요.
넷째, 다양한 가치를 존중하는 유연한 리더십을 갖추어야 해요. 개인마다 생각이 다름을 이해하고 조직에 유연하게 적응하기 위해

다양한 사고와 가치를 존중하고 포용할 수 있는 개방적 리더십을
갖추어야 하죠.

4차 산업혁명이 도래한 시대에 경상적, 일상적 업무마저 점점 AI
로 대체되어 가는 요즘 모바일 세상, 비대면 세상 보다 더 중요한
가치는 과연 무엇일까요?

기존의 은행과 인터넷 은행과의 치열한 금융환경 속에서 저는 가
격보다 가치를 중요하게 생각해요. 이제 웬만한 은행 업무는 지점
에 직접 방문하지 않아도 모바일이나 인터넷을 통해 통장, 카드 등
을 쉽게 개설할 수 있고 자동이체, 공과금 납부는 물론 대출도 손
가락으로 클릭하여 신청이 가능할 정도로 편리한 세상이 되었어
요. 앞으로도 이러한 흐름은 점점 더 가속화될 거예요.

"그렇다면 은행원은 앞으로 없어질 직업인가요?"

이 질문에 저는 단순 업무의 역할은 로봇과 인공지능의 영역으로 가고 유니버설 뱅커(Universal Banker)의 역할은 여전히 사람의 영역으로 남을 것이라고 말할 수 있어요.

AI가 대체하지 못하는 사람의 마음을 나누는 것, 그것이 바로 '가치'이고 그 사람 입장에서 생각하고 배려하고 공감하는 역량을 갖춘 프로 금융인이 바로 유니버설 뱅커입니다.

초심의 마음으로 고객을 돕고, 고객 자산의 미래가치를 높일 수 있는 최고의 서비스를 제공할 수 있도록 끊임없이 노력하고 고객들과 평생 파트너가 되고, 고객의 행복을 통해 더 나은 세상을 만들고, 금융 생활을 통해 세상을 바꾸어 나가는 은행원! 여러분에게 권하는 이유입니다.

청소년 여러분들의 담대한 도전을 응원합니다!

첫인사

편 – 토크쇼 편집자

신 – 은행원 신만균

편 먼저 자기소개를 부탁드려요.

신 안녕하세요, KB국민은행 신사중앙지점장 신만균입니다.

편 이 일을 하신지는 얼마나 되셨나요?

신 1993년 9월에 대동은행에 입행했는데 IMF 때 대동은행이 국민은행과 합병됐어요. 그 후 지금까지 국민은행에서 근무하고 있으니까 은행에서 근무한 지는 29년 정도 됐고, 지점장으로 일한 지는 3년 됐어요.

　이 인터뷰를 계기로 돌아보니 그동안 거쳐 간 지점 수만 10개더라고요. 한 지점에서 2년씩만 근무해도 20년인데 정말 오래됐구나 하는 생각을 했죠. 잡프러포즈 도서 출간 제안을 받고 보니 과장일 때 '경제 봉사단' 자격으로 초등학생들에게 경제 교육을 했던 일이 생각나더라고요.

편 은행에서 초등학생 대상으로 경제교육도 하나요?

신 국민은행 내에 '경제 봉사단'이라고 있어요. 말 그대로 봉사활동을 하는 동아리인데 은행과 학교가 자매결연을 하고 학교에서 요청이 들어오면 학교에 가서 강의를 하는 거죠.

　각 지점별로 한 명씩 활동하는 구조였어요. 저희 때만 해도 지

'경제 봉사단' 자격으로 초등학교에서 경제 교육을 했다.

사내 사회봉사활동도 활발하게 했다. 2018년 KB국민은행 의왕지점장으로 있을 때 청소년수련관을 통해 지역의 청소년, 학부모와 함께 수원화성을 방문했다.

과장 시절.

점 직원이 20명~30명 정도 됐었거든요. 그런데 요즘은 지점 인원이 그때보다는 많이 줄어들었어요. 그러다 보니 예전처럼 지점에서 초등학교와 연계해 교육하기가 사실상 어렵죠. 그래서 지금은 본부에서 인원을 모집하고 선발된 직원이 매칭된 학교를 찾아가 경제교육을 시키고 있어요.

학생들 반응도 아주 좋아요. 수업은 학교의 요청이 있을 때 하기 때문에 일주일에 한 번일 때도, 한 달에 한 번일 때도 있어요. 보통 40분 수업을 하는데 수업 시간도 짧고 방식도 퀴즈 형식으로 해서 아이들 호응이 정말 좋아요.

예를 들어 '은행은 뭐 하는 곳인가?'라는 퀴즈를 내고 정답을 맞히면 상품을 주니까 아이들이 아주 좋아하더라고요.

🆖 이 일을 하시게 된 계기가 있나요?

🆕 저 같은 경우에는 ROTC(학군사관후보생)* 활동이 은행원을 선택하게 된 계기가 된 것 같아요.

우리나라에서 군대를 가려면 장교 또는 사병으로 지원하여 입대할 수가 있거든요. 그런데 저는 ROTC로 대학을 마치고 보병 소대장으로 군 복무를 했어요. 소대장이라는 것이 20여 명의 병사들을 관리하는 책임이 있는 자리예요. 그러다 보니 때로는 그들의 입장을 이해해야 하는 부분도 있고, 리더십을 발휘해야 할 때도 있어요. 자연스럽게 여러 상황에 대한 이해력이 생기게 된 것 같아요.

제대하는 시점에 모 제약회사에 입사하게 됐어요. 연수를 받고 영업점으로 배치를 받았는데 제약회사 업무가 저와 잘 맞지 않더라고요. 그러던 차에 대동은행(현재는 국민은행에 합병)에서 합격했다

---

* ROTC : 대학 재학생 중에서 우수자를 선발하여 2년간의 군사훈련을 실시함으로써 전공은 물론 군사 지식을 갖춘 장교를 양성하는 과정으로 미국의 ROTC 제도를 모델로 하여 시행됐다.

는 연락을 받고 옮기게 되었죠. 결과적으로 저는 사람 만나는 것을 좋아하고 차분하게 고객들을 응대하는 은행 업무가 잘 맞았어요.

편 이 일을 프러포즈하는 이유는 무엇인가요?

신 은행이 금융업이잖아요. 금융이라는 것은 자본주의 사회에서 반드시 필요한 업종이고 자본주의가 존속하는 한 금융업도 계속 존속할 수밖에 없는 산업이거든요.

은행은 돈을 맡긴 사람들의 재산을 불려주고, 고객이 맡긴 돈으로 대출을 실행해서 기업이 성장하도록 돕고, 그 결과로 일자리도 늘어나고 소비가 촉진되도록 하는 선순환 구조에서 피를 돌게 하는 핵심적인 역할을 하고 있어요. 이런 의미에서 청소년들에게 금융 분야에 관심을 가져보라고 추천하고 싶어요.

편 하루 일과가 궁금해요.

신 은행 영업시간은 오전 9시에서 시작해서 오후 4시에 문을 닫아요. 보통 직원들은 8시 30에 출근해서 화상회의를 통해 업무 연수 및 본부 부서에서 제공해 준 금융 정보 등을 숙지하고 오전 9시부터 방문하는 고객들에게 예금, 대출, 외환, 신용카드 업무 등의 금융 상담을 해요. 업무를 마치면 그날 발생된 출납, 신규, 해지, 제신고 업무에 대해 마감을 실시하고 오후 6시에 퇴근을 하죠.

요즘은 코로나19로 대면회의를 지양하고 필요시에 비대면 화상회의를 주로 하고 있어요. 업무 준비를 마치면 바로 시재(현금)를 맞춰서 CD기에 현금을 보충하고, 장표도 정리하다 보면 회의할 시간은 5~10분 남짓이에요.

업무를 시작하기 전에 주요 현안에 대해 직원들과 함께 공유하는 시간을 가지면서 새로 나온 금융상품도 알려 주고 성과가 우수한 직원들에게 포상도 실시해요. 요즘은 코로나로 인해 창구마다 가림막이 설치되어 있어요. 혹시라도 발열로 인해 몸이 아픈 직원은 없는지 항상 신경 쓰고 있습니다.

수요일은 소통 데이에요. 직원들과 저와 격의 없이 소통을 하

영업 시작하기 전의 창구 모습.

는 거죠. 소통 데이는 업무적인 얘기는 하지 않아요. 간단하게 다과를 마련하고 편안하게 얘기를 하는 거죠. 직원들이 모두 모여서 같이 시간을 갖는 거예요.

그리고 목요일은 연수가 있어요. 연수 담당자가 주관하는데 기업금융 담당 팀장이나 PB(Private Banker) 팀장 등이 직원들과 함께 바뀐 규정, 지침 등 주요 문서 등을 공유하고 신상품이 나오면 안내장을 가지고 설명을 하는 시간이에요.

금요일은 팀별로 티타임을 가져요. 개인종합창구, 기업종합창구, VIP 창구 팀이 각각 자유롭게 대화를 나누는 시간이죠. 한 주를 마감하고 주말이 이어지니 편안하게 대화를 나눌 수 있어 소중하고 유익한 시간으로 활용하고 있어요.

📖 매일 회의가 있네요. 회의가 끝나면 지점장님은 무슨 일을 하나요?

🔵 정해진 회의 일정을 마치고 나면 본부에서 제공하는 경제 관련 이슈, 주식 시황, 금융 정보를 확인해요. 예전에는 제가 직접 신문을 오려 스크랩을 했었는데 요즘은 본부에서 요약을 해서 제공해 주고 있어서 시간을 단축시킬 수가 있답니다. 은행에서 제공하는 최신의 금융 정보를 모바일로 바로바로 보내주어서 유익한 정

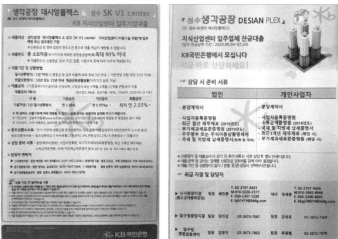

연수가 있는 목요일. 바뀐 규정이나 지침 등의 문서를 공유하고 상품 안내장을 바탕으로 설명을 듣는다.

보를 신속하게 볼 수 있어 유용하게 활용하고 있어요.

정보 확인을 한 후에는 고객을 만나기 위해서 외부로 섭외를 나가요. 물론 섭외 나가기 전에 고객과의 일정은 미리 확인해야 하죠. 고객을 만나 금융에 대한 애로사항도 경청하고 자금 운용 또는 지원 방안에 대한 금융 컨설팅을 하고 있습니다.

편 고객은 주로 기업 고객인가요?

신 기업 고객뿐 아니라 금융과 관련되어 필요한 니즈(Needs)가 있는 개인 고객들도 직접 만나서 도움을 드리고 있어요. 주로 법인 또는 개인회사 대표, 법인의 자금을 담당하고 있는 CFO(Chief Financial Officer, 최고 재무 관리자), 경리담당 직원들과 만나서 소통하죠.

그리고 우리와 상생하는 업종들이 있어요. 예를 들어 부동산 중개업소나 감정평가사, 세무사, 노무사, 법무사 등이 저희와 상생하는 업종이에요. 이분들과도 자주 만나서 업무를 공유하고 있어요.

편 직원의 일과도 설명해 주세요.

신 담당 업무는 개인종합창구, 기업종합창구, PB로 나뉘어요. 출납을 담당하는 직원은 ATM(현금 자동화기기)에 현금, 수표 보충도 해주고 직원들에게 필요한 만큼 현금을 미리 교부해 줍니다.

개인금융을 담당하는 직원은 예적금, 펀드, 개인대출, 카드, 신탁, 보험 등 금융 상담과 인터넷, 모바일뱅킹, 각종 제신고, 해약 등의 업무를 수행해요.

기업금융을 담당하는 직원은 법인 및 개인사업자를 대상으로 기업 대출, 외국환(수출입), 퇴직연금, 기업 자금 관리와 신용평가 업무를 수행합니다.

PB 업무를 담당하는 직원은 고액 자산가를 대상으로 자산 상담을 기본으로 세무, 상속, 증여, 부동산, 법률 등 고객에게 맞춤형 자문 컨설팅을 하고 있어요.

이러한 대면 서비스 외에도 은행에 방문이 어려운 고객을 위해 편리하게 은행을 이용할 수 있도록 다양한 어플을 제공하고 있고 영업점 방문 예약 서비스, 번호표 미리 발행 서비스 등을 안내하고 있죠.

국민은행 앱의 '스마트 예약 상담제' 화면.

　　고객이 직원을 선택할 수 있다는 걸 아시나요? 실제 이런 제도를 시행하고 있어요. 국민은행 앱 '스마트 예약 상담제'를 통해 원하는 지점, 날짜, 상담 직원까지 예약할 수 있죠.

고객과의 만남이 많으신 것 같아요.
소통의 비결이 있나요?

편 고객과의 만남이 많으신 것 같아요. 소통의 비결이 있나요?

신 사실 은행에 들어온 초기에는 시행착오를 많이 겪었어요. 은행에 갓 입행해서 당좌 및 카드 사후관리 업무를 맡게 되었어요. 카드비 연체 고객에게 전화해서 카드 대금을 미납했으니 입금하라고 독촉하는 업무예요. 아무래도 독촉 전화이니 전화를 하는 입장이나 받는 쪽 모두 기분이 좋지 않죠. 처음 한두 번은 괜찮아도 일주일, 한 달 반복해서 하다 보면 '돈이 있는데 안 갚는 사람이 어디 있나? 내가 이런 일하려고 은행에 들어왔나?' 하는 자괴감이 들어요.

게다가 마침 저에게 업무를 맡긴 책임자가 좀 엄격했어요. "미납금이 왜 안 줄어드냐?"라는 질책이 매일 이어지는 거예요. 그런 상황이 이어지다가 결국 한 고객과 언쟁이 붙었어요. 독촉 전화를 받던 고객이 "XX야, 왜 또 전화해!"라고 욕을 하기 시작하는 거예요. 저도 욱하는 마음에 이런저런 스트레스로 감정적인 대응을 해버린 거죠.

상대방이 노발대발 쫓아오겠다며 저에게 가만두지 않겠다고 협박을 해요. "너 진짜 잘못 걸렸다. 내가 누군지 아느냐?" 이러더

항상 고객에 대한 배려와 공감할 수 있는 마음으로 고객을 대하고 있다.

상대방을 편안하게 하는 5가지 대화방법

1. 솔직하게 말하고 겸손하게 얘기하기
2. 고개를 끄덕이거나 미소를 짓거나 맞장구 쳐주기
3. 입에서 나오는 말 대신 가슴에서 나오는 말을 하기
4. 대화 중간에 끼어들거나 미리 속단하지 않기
5. 상대방과 시선을 맞추고 몸을 당겨서 대화하기

'상대방을 편한하게 하는 5가지 대화방법'을 항상 마음에 새기고 있다.

Job
Propose 41

니 진짜 은행으로 찾아온 거예요. 한바탕 소란이 있고 지점장님까지 나와서 겨우 수습되고 난 후에 지점장님과 면담을 하면서 은행원으로서의 필요한 자질, 응대, 태도, 상황별 대응 요령 등을 코칭받고서야 정신이 번쩍 들었죠. 그때 지점장님으로부터 코칭을 받고 은행원의 자질에 대해서 많은 생각을 하게 됐어요.

고객에 대한 배려와 공감할 수 있는 마음이 중요하다는 것을 깨닫게 된 거죠. 그 사건을 계기로 다시는 어떠한 일이 있어도 고객과 언쟁하지 않겠다고 마음을 다잡았어요.

그리고 얼마 후에 업무가 바뀌게 됐어요. 외환 업무를 하게 됐는데 적성에 잘 맞았죠. 기업의 수출입 관련 업무이다 보니 은행에서 제일 늦게 끝나는 일이었는데도 재미있게 일을 했어요.

외환 업무이다 보니 기업의 회계 담당 직원들이 주 고객이었는데 저에게 그런 말을 많이 하더라고요. 상담할 때 얘기를 잘 들어줘서 편안한 느낌을 받았다고요. 그런 자세로 고객을 대하고 있어요.

저는 고객의 말을 많이 듣는 편이에요. 눈을 맞추고 공감을 하려고 노력하다 보니 신뢰가 많이 쌓이게 된 것 같아요. 신뢰가 쌓인 고객들은 주위 분들을 소개해 주기도 하죠.

편 금융이란 무엇인가요?

신 금융이란 돈을 필요로 하는 사람에게 자금을 원활하게 공급해 경제 활동이 지속적으로 이루어지게 하는 활동을 말해요.

은행은 고객들로부터 예금을 받아서 자금을 필요로 하는 기업에게 대출을 해주는 역할을 담당하고 있는데 자칫 부실 회사에 대출을 해주게 되면 자금을 회수 받지 못할 수도 있어요. 그래서 기업에 대한 신용평가가 매우 중요하고 우량한 회사에 대출을 해서 그 혜택이 국민에게 혜택이 돌아가고 전체적으로 국가 경제에 기여할 수 있는 영역으로 발전시키는 것이 금융회사의 과제라고 생각해요. 은행을 잘 이용하고 자산을 늘리기 위한 방법으로 다양한 방법이 있어요.

기본적으로 예금, 적금이 있고 펀드나 주식에 관심이 있는 사람이 있는가 하면 금이나 부동산에 관심이 있는 사람도 있죠.

사람마다 관심 있는 분야가 다를 수 있어요. 그런데 중요한 것은 그걸 실행에 옮기기 위해서는 종잣돈이 있어야 한다는 거예요. 그 종잣돈을 만들기 위한 가장 좋은 수단이 은행인 거죠. 종잣돈을 만드는 것부터 시작하면 돼요.

금융 관련 자료를 보며 끊임없이 공부해야 한다.

저와 같이 일하는 직원의 사례를 들려줄게요. 30대인 이 직원이 최근 코로나 시국에 ETF 상품에 2억 원을 투자해서 3,000만 원을 벌었어요. ETF(Exchanged Traded Fund)란 주가지수에 연계돼서 투자하는 상품인데 최근 4차 산업 관련 주식이 상승해 수익을 올린거예요.

여기서 중요한 포인트는 3,000만 원을 벌었다는 것이 아니라 2억 원을 투자할 수 있었다는 거예요. 2억 원이라는 자금을 만들기 위해 맞벌이를 하는 아내와 함께 월급의 70%를 무조건 저축해 만든 종잣돈이라고 해요. 이 사례에서도 알 수 있듯이 종잣돈이 중요한 이유는 좋은 상품이 있을 때 바로 투자할 수 있기 때문이죠. 은행에서 아무리 좋은 상품을 추천하더라도 당시에 종잣돈이 없다면 아무 소용이 없게 되니까요.

작은 돈이라도 차곡차곡 불리는 습관으로 종잣돈을 만들어가는 재미를 느껴보면 좋을 것 같아요.

편 은행원의 매력은 무엇인가요?

신 은행원은 한마디로 '금융 주치의'라고 할 수 있어요. 제가 행원일 때 있었던 일이에요. 한 기업체 대표님이 있었는데 5,000만 원 한도의 무역금융을 쓰고 있었어요. 무역금융이란 수출 기업의 원자재 구매 등에 필요한 자금을 낮은 금리로 빌려주는 금융 지원 제도예요. 그런데 한도를 늘리려면 그만큼 실적이 있어야 되고 번

은행원은 기업과 개인의 성장을 도와주는 '금융 주치의'다.

거로운 절차를 거쳐야 하거든요. 다른 은행에서 다 거절당하고 국민은행에 왔는데 제 권한 내에서 노력해서 한도를 증액해 줬어요. 그 이후에 회사가 엄청나게 성장을 해서 강남에 사옥도 구입하고 매출액이 1,000억 원이 넘는 우량 회사가 됐죠.

고객의 요청으로 제가 할 수 있는 당연한 업무를 했을 뿐인데 그분은 고맙다며 지금까지도 연락하거든요. 제가 결정적으로 어려울 때 부탁하면 흔쾌하게 들어 주시고 있죠. 또한 은행원으로서 작은 기업이 큰 업체로 성장하는 것을 보면 보람도 느끼고요.

바로 이렇게 기업과 개인의 성장을 도와줄 수 있다는 점이 은행원의 매력인 것 같아요.

단점도 알려주세요.

편 단점도 알려주세요.

신 굳이 단점을 꼽으라면 정년이 짧다는 거예요. 예전에는 만 58세가 정년이었어요. 그런데 임금피크제*가 도입이 되면서 정년은 60세로 오히려 2년 늘어났는데, 사실상 만 56세가 되면 선택을 해야 돼요. 명예퇴직할 것인지 아니면 임금피크제로 들어갈 것인지요. 대부분 명예퇴직을 많이 선택하거든요. 다른 직종에 비해 정년이 짧아진 셈이죠.

또 IT 기술의 발달로 비대면 거래가 활성화되면서 은행 지점 수는 계속 감소하고 있어요. 급변하는 업무 환경에 적응하기 위해서는 직원 각자 공부를 많이 해야 해요. 살아남기 위해서 본인이 많은 노력을 해야 하는 거죠.

---

* 임금피크제 : 일정 연령이 된 근로자의 임금을 삭감하면서 그 대신 정년까지 고용을 보장하는 제도이다. 임금이 근속 연수에 비례해 계속 상승하는 대신 생산성이 최고인 연령에서 절정(피크)에 달한 후 감소하는 방식을 말한다.

기억에 남는 사건이나 고객이 있나요?

편 기억에 남는 사건이나 고객이 있나요?

신 벌써 20년 전의 일이네요. 지점에서 외환 담당 업무를 하고 있었어요. 그 지점이 아주 큰 점포로 직원도 40명이 넘었어요. 외환 담당하는 직원도 다섯 명이었죠. 점심시간이어서 점심 식사하러 가는 직원, 업무를 보는 직원 등으로 분주했는데 저는 이른 점심을 먹고 지점으로 돌아온 상황이었어요. 동료 직원이 외국인과 상담하다가 식사 교대를 하면서 저보고 업무 처리를 해달라고 부탁하더라고요.

"무슨 일이죠?"라고 물으니 "두 다발" 이래요.

"두 다발 내주면 돼요?" 했더니 "네. 두 다발 받았으니까, 두 다발 원화로 환전해 주면 돼요."라고 하더라고요.

저는 두 다발을 2만 달러로 인식하고 그 외국인에게 환전을 해줬어요. 한 시간 후에 업무를 요청했던 직원이 잘 처리했냐고 묻길래 2만 달러 환전해 줬다고 했죠. 그랬더니 난리가 났어요. 2만 달러가 웬말이냐며 2천 달러라는 거예요. 2천 달러를 원화로 환전해 주어야 하는데 2만 달러를 원화로 지급했으니 머리가 진짜 하얗게 되지 않았겠어요?

그런데 제가 그 외국인과 상담할 때 몇 가지 물어본 게 있었어요. 급한 일이 있는 것처럼 서두르면서 빨리 가야 한다고 하길래 무슨 일이냐고 했었거든요.

부인이 교통사고가 나서 응급실에 있다며 빨리 가야 한다고 말했던 것이 생각났어요. 그래서 무작정 지점 앞에 있는 종합병원 응급실로 달려갔어요. 다행히 그 외국인이 응급실에 있었고 잘 해결됐죠. 그 외국인이 저한테 럭키 가이라고 하면서 엄지 척을 해주었던 기억이 있어요. 지금도 그때 생각하면 아찔하네요.

편. 진상 고객도 있나요?

신. 극히 일부분이에요. 가끔씩 은행에 찾아와서 사은품 달라고 하는 고객이 있는데요, 지혜롭게 해결하고 있어요. 요즘은 IT 기술이 발달하면서 장애율이 거의 제로에 가까워 내부 통제가 잘 되어 있어서 민원도 원만하게 해결하고 있어요.

편 실적 압박이 있다고 하던데 어느 정도인가요?

신 어느 회사나 성장하기 위해 또는 살아남기 위해서 많은 노력을 하잖아요. 은행도 마찬가지예요. 상품과 서비스의 차별성을 갖추기 위해 다양한 신상품도 개발해서 내놓아야 하고, 직원들도 양질의 금융서비스를 제공하기 위해 상품 판매에 따른 자격증도 취득하고 업무 지식도 많이 늘리는 노력을 게을리해서는 안 되는 거죠. 물론 은행에서는 그 노력에 대한 대가로 합당한 보상을 해주고 있어요.

직장 생활을 하는 것은 급여를 받고 가족을 부양하기 위해서지만 실적 압박이라는 측면보다는 은행이라는 직장을 통해 자아를 실현하고 보람과 가치를 발견하기 위해 노력하는 취지로 이해해 주었으면 해요.

입사 전에는 미처 몰랐던 "은행원이 이런 일도 해?"라는 업무가 있나요?

편 입사 전에는 미처 몰랐던 "은행원이 이런 일도 해?"라는 업무가 있나요?

신 KB금융그룹 내 'WM스타자문'이라는 서비스가 있어요. 35명의 엄선된 스타급 대표 전문가가 부동산, 세무, 법률, 투자, 경영 컨설팅 등의 자문을 해주는 고품격 종합 자산관리 서비스예요.

부동산을 매매할 때는 부동산 중개업소를 찾아가서 상담을 하는 게 일반적이잖아요. 그런데 실제 공시 가격하고 매매 가격이 상당히 차이가 많이 나기 때문에 매입, 매도 시 적정 가격이 궁금한 거죠. 은행의 부동산 자문 서비스를 이용하면 이런 부분을 해결할 수가 있어요.

부동산뿐만 아니라 증권 전문가, 은퇴설계 전문가, 세무사, 회계사, 변호사, PB로 구성된 전문가들이 고객 맞춤형 투자 솔루션을 제안하고, 고객 세미나 제공 등 차원 높은 자산관리 서비스를 위해 노력하고 있답니다.

또, 이런 일도 해요. 자동차를 구매할 때 보통 캐피털 회사에서 대출을 받아서 비용을 지불해요. 그런데 은행에 요청하면 해당

은행의 계열사를 연결해서 대출을 실행할 수 있어요. 그런 경우 더 저렴한 대출상품을 이용할 수 있거든요. 모 마을버스 회사가 이 상품을 이용해 오래된 버스를 바꾼 사례도 있었어요.

4시에 은행 셔터가 내려가도
계속 일을 한다던데 정말 그런가요?

📭 4시에 은행 셔터가 내려가도 계속 일을 한다던데 정말 그런가요?

📭 은행 업무가 오후 4시에 마무리되면 마감 업무가 시작되는데요, 우선 직원별로 현금 시재를 맞춰요. 출납 담당 직원이 현금을 다 수거해서 지점 전체의 현금을 정산하죠. 그리고 지점 외부에 있는 ATM은 은행이 문을 닫더라도 밤늦게까지 계속 운영해야 하기 때문에 현금 보충을 해주어야 해요.

또, 당행 발생한 예금, 대출, 펀드, 카드 등 신규 서류와 각종 제신고 공과금도 정리하고, 미비된 서류도 꼼꼼하게 체크하고 보완해요. 이렇게 마감을 마치면 당일 감사를 진행하고 익일 감사를 한 번 더 받아요. 하루를 마감하면서 상품을 가입한 고객과 전담 고객을 대상으로 감사 및 안부 전화도 하고 있어요.

예전에는 마감하느라 야근이 많았지만, 요즘은 상당 부분 업무가 전산화되어 있어서 야근이 사라졌어요. 또한 PC-OFF 제도가 시행된 이후 오후 6시가 되면 컴퓨터가 자동으로 꺼져요. 바로 퇴근하라는 거겠죠.

예전에 창구에서 수행했던 대부분의 업무들을 지금은 후선 업무지원 센터에서 처리하고 있어요. 후선 업무지원 센터에서 하는 일들은 예를 들어 신용대출을 실행하려고 할 때 예전에는 고객 상담, 접수, 자필, 서류 검토, 전산 키인(Key-In, 데이터를 키보드로 입력하는 행위) 등 일련의 과정을 다 지점에서 수행했는데, 지금은 고객과 상담해서 상담된 자료를 그대로 스캔해서 후선으로 넘기면 나머지는 후선 센터에서 마무리를 하는 거죠.

편 아… 그런 서류 작업이 다 야근의 원인이었겠네요.

신 그렇죠. 예전과 달라진 은행의 모습이 또 있는데 바로 청구서가 없어졌다는 거예요. 입금표, 출금표 같은 종이 전표가 없어요. 모두 전산화된 거죠. 전산 서식에 서명만 하면 바로 스캔이 되니까 장표도 보관할 필요가 없어지게 되었죠.

하지만 은행에서 취급하는 상품이 많이 다양해졌고, 고객의 니즈를 충족시키기 위해 예전처럼 은행에서 취급하는 상품 외에 다른 계열사와 협업을 해야 하기 때문에 다양한 분야의 상품과 업무를 많이 알아야 해요.

핀테크 시대에 은행은 어떻게 달라지고 있나요?

📭 전산화가 되어서 창구 업무가 많이 줄어들었을 것 같아요. 핀테크(FinTech) 시대에 은행은 어떻게 달라지고 있나요?

🪙 핀테크란 금융(Finance)과 기술(Technology)이 합쳐진 개념이잖아요. 모바일 은행들이 출현하면서 종전 은행들이 위기의식을 느끼고 있어요.

기존의 은행들이 어떻게 하면 고객에게 쉽게 다가갈 수 있는지 고민하고 있죠. 그래서 인터넷 은행 같은 편의 기능과 플랫폼 사업에 역점을 두고 있어요. 그 일환으로 '모바일 인증서', '모바일 브랜치', 바이오 인증, 스마트 예약 상담제 등의 편의 기능을 제공하기 시작했어요.

모바일 인증서는 보안 카드나 OTP 카드 필요 없이 모바일 인증만으로 간편하게 이체할 수 있는 서비스로 영업점 방문 없이도 회원가입부터 신규 상품 가입까지 모바일에서 모든 거래가 가능해요.

모바일 브랜치는 휴대폰에 은행이 들어가는 개념으로 굳이 지점에 내점하지 않아도 모바일을 통해 예금, 대출은 물론 카드 발급, 펀드, 보험 가입 등 은행의 거의 모든 업무를 가능하게 해주는

모바일 인증서.

손바닥을 통해 정맥을 인증하는 바이오 인증.

서비스예요.

바이오 인증은 손바닥을 통해 정맥을 인증하고 등록해 놓으면 카드, 통장, 비밀번호, 도장이 없더라도 창구 거래나 ATM 기기를 이용한 계좌 조회, 이체, 출금 등의 업무가 가능하도록 제공하는 기능이죠.

물론 사람이 해야 하는 일도 있어요. 저는 '가격'과 '가치'에 대한 말씀을 드리고 싶어요. 우리 직원들에게 특히 강조하는 내용인데요, 예를 들어 인터넷 은행의 이율이 조금이라도 높은 경우 가격적인 요소만 고려한다면 금리가 높은 은행을 선택하겠죠. 하지만 저는 가치적인 측면도 고려해야 한다고 생각해요.

우리 지점에 오는 고객들은 단순하게 이율에만 관심 있는 것이 아니에요. 비과세 상품이나 부동산, 주식 투자, 상속, 증여 등에도 관심이 많거든요. 그렇다면 과연 인터넷 은행에서 관련 업무를 상담해 주거나 처리할 수 있을까요? 100% 비대면으로 업무를 처리하는 인터넷 은행에선 아무래도 힘들겠지요.

기존 은행은 고객들의 다양한 수요를 원스톱으로 처리할 수 있고, 이미 처리하고 있어요. 지점마다 PB가 있고 은행의 계열사와 연계한 네트워크를 활용해서 고객에게 최적화된 포트폴리오를 제안하고 있죠.

최근에는 기존 은행의 가치와 강점을 플랫폼 사업에 접목하고 있어요. 고객의 개인 정보와 투자 성향을 입력해 놓으면 '챗봇'이라고 부르는 AI가 자동으로 상품을 추천해 주는 거죠.

이 모든 과정이 앱을 통해 손가락 클릭만으로 이루어지기 때문에 인터넷은행이 제공하는 편의성에도 뒤지지 않고 오히려 내용적으로 차별화된 가치를 제공하며 경쟁하고 있어요.

지점 순환 근무를 하는 이유는 무엇인가요?

📋 지점 순환 근무를 하는 이유는 무엇인가요?

📋 사고를 예방한다는 취지도 있지만, 더 중요한 것은 전문성을 강화하기 위해서예요. 고객들에게 끊임없이 가치 있는 사람, 또 고객 입장에서 직원 개개인이 소중한 파트너가 될 수 있도록 전문성을 보유한 유니버설 뱅커(Universal Banker)를 키우기 위한 일환이죠.

　　유니버설 뱅커란 업무 범위의 확대와 고객의 상담에서 사후관

보통 2~3년마다 지점을 옮겨 근무하게 된다. 국민은행 의왕지점 직원들.

리까지 고객을 책임지는 인재를 말해요. 만약, 자신의 전문 분야가 대출 업무라고 해서 대출 상담만 하고, 세금 관련 또는 신용대출 후 해당 금액을 외화로 바꾸고자 하는 고객에게 환율의 추이를 설명할 수 없다면 그것은 전문성이 떨어진다고 볼 수 있겠죠.

지점 순환 근무를 통해 다양한 업무를 접하면서 습득하고 전문성, 혁신성을 키워갈 수 있어야 결국 고객으로부터 신뢰를 받을 수 있는 거예요.

지점은 보통 2~3년마다 옮기게 되어 있어요. 그렇다 보니 오히려 고객들이 섭섭해하더라고요. 좀 친해질만하면 다른 지점으로 가니까요. 요즘은 본인이 원할 경우 3년~4년 정도 있을 수 있어요. 기업 대출 담당이나 PB는 최대 7년까지 있을 수도 있고요.

발령 지역은 특정 지점을 선택할 수는 없지만 직원의 형편과 은행 입장을 고려해서 정해요. 예를 들어, 인천으로 이사를 갔다면 인천의 어느 지점을 콕 찍어서 가지는 못하더라도 주변에서 근무할 수 있도록 배려해요.

본사 근무는 어떤 경우에 하게 되나요?

편 본사 근무는 어떤 경우에 하게 되나요?

신 공모 제도를 운용하고 있어요. 물론 채용할 때부터 본사 인력으로 정하는 경우도 있지만, 일반직의 경우에는 일정 기간 지점 생활을 하면 본사로 갈 수 있는 기회를 부여하는 방식으로 운영이 되고 있죠.

또한 은행 본사뿐만 아니라 계열사로도 갈 수 있어요. 증권사, 카드사, 캐피털, 보험사 등 원하는 곳으로 갈 수 있도록 제도화되어 있죠. 굉장한 장점이라고 생각해요. 본인이 열심히 하고 잘 하면 다양한 기회가 주어진다는 의미이니까요.

편 본점에서 근무하는 장점이 있나요?

신 본점에서는 상품 개발, 자금 운용, 경영관리 업무를 수행하고, 영업점에서는 마케팅, 상품 판매, 고객 관리 등의 업무를 수행해요. 은행에 입행하면 본점 또는 영업점에 근무하게 되는데 중요한 것은 금융전문가가 되어야 하는 것이라고 생각해요.

지금 우리가 살고 있는 디지털 시대, 비대면 시대, 모바일 시대를 겪으면서 고객들의 필요한 정보를 정리하고, 고민하고, 대안

중요한 것은 금융전문가가 되어야 하는 것이다.

을 제시해 줄 전문가가 필요하고 그러한 가치를 창출하기 위해 전
문성을 더 키워야 하는 것이죠.

業務를 수행하는 과정에서
가장 신경 쓰는 것은 무엇인가요?

📏 업무를 수행하는 과정에서 가장 신경 쓰는 것은 무엇인가요?

🧑 일회성 고객이 아닌 평생 고객으로 만드는 것이 금융서비스 업종에 있는 사람에겐 중요하다고 생각해요.

　미국의 인터넷 쇼핑몰 아마존 같은 경우 고객이 접속해서 흔적을 남기는 순간 아마존의 고객이 되도록 시스템이 설계되어 있다고 해요. 고객의 성향을 미리 분석해서 고객이 접속하면 좋아하는 상품들을 계속 노출하는 거죠. 유튜브도 좋아할 만한 영상이 반복해서 노출되잖아요. 그런 것처럼 저희도 평생 고객으로 만들기 위해 꼬리에 꼬리를 물어가며 고객이 무엇을 원하는지 자꾸자꾸 알아내서 고객들이 원하는 방향으로 상담도 하고 알맞은 상품도 제안하는 게 필요한 것 같아요.

　그리고 고객의 소중한 자산을 관리하는 직업이다 보니 엄격한 윤리의식과 정직성을 갖추어야 해요. 금전 사고가 발생하면 고객은 물론 직원과 은행도 큰 피해를 입게 되기 때문에 사고예방에 대한 교육을 지속적으로 실시하고 있어요.

2020년 우수PG로 선정되었다.

좌절감을 느끼거나 포기하고 싶었을 때가 있었나요?

편 좌절감을 느끼거나 포기하고 싶었을 때가 있었나요?

신 신입행원 시절이었어요. 예전에는 은행이 토요일도 오후 1시 30분까지 영업을 할 때예요. 근무를 마치고 행원들끼리 1박 2일로 설악산을 가기로 한 날이었죠.

업무 마감하고 퇴근하려고 하는데 갑자기 일이 생긴 거예요. 급하게 당좌 대출을 본부에 승인을 요청해야 하는 상황이었어요. 다음 주 월요일 어음이 돌아오면 대출을 실행해야 하는 일이 생긴 거죠. 그 대출이 실행되지 않으면 업체가 어려워질 수도 있는 상황이었어요. 그런데 당시는 업무를 잘 모를 때라 그냥 퇴근하고 설악산으로 여행을 가버린 거죠. 일은 상사가 대신 처리를 했고요.

지금 생각해 보면 말도 안 되는 일이었죠. 제 업무를 대신 처리한 상사는 화가 났는지 월요일에 출근했는데 인사도 안 받더라고요. 저를 완전히 무시하면서 상대해 주지도 않는 거예요. 물론 제가 잘못한 건 알겠는데 자초지종을 설명해도 받아들이지도 않고 무시하니까 포기하고 싶을 정도로 힘들었어요. 그때 처음으로 좌절감을 느끼면서 퇴사 생각까지 했어요.

고민 고민하다가 차장님에게 조언을 구했어요. 마침 부서 내에서 직무 순환이 있어서 외환 업무를 담당하게 되었고, 적성이 잘 맞아 다시 마음을 잡는 계기가 되었죠.

성취감을 느끼는 순간은 언제인가요?

편 성취감을 느끼는 순간은 언제인가요?

신 상담했던 고객들이 서비스에 만족하고 잘 되었을 때예요. 기업이든 개인이든 고객의 상황에 맞춰 컨설팅을 하고 금융서비스를 한 결과 고객이 만족한다면 그것보다 큰 성취는 없을 거예요. 예전에 소상공인과 자영업자 대출을 맡았을 때는 작은 기업이 큰 업체로 성장하는 것을 지켜보는 보람도 컸어요.

특히 저는 1998년 IMF 위기로 전에 근무했던 대동은행이 문을 닫게 되었을 때는 파업을 하는 등 어려운 시기가 있었어요. 그런 기억 때문인지 은행 업무에 대해 더 간절했고, 국민은행에 합병되고서는 은행 생활을 더 열심히 하게 된 것 같아요. 매 순간 성취감을 느낄 수 있도록 고객의 행복을 위해 노력하고 있어요.

스트레스는 어떻게 해소하나요?

편 돈에 관련된 일이다 보니 스트레스가 많을 것 같아요. 스트레스는 어떻게 해소하나요?

신 아무래도 성과나 직원 육성 관련해서 스트레스가 없을 순 없어요. 저는 스트레스를 받으면 일단 피하지 않고 그 일에 좀 더 집중하는 편이에요. 더 잘할 수 있는 방법이 없었는지 고민하고 해답을 찾을 때까지 노력해 보는 스타일이거든요.

스트레스를 받을 때는 밝은 음악을 많이 듣는다.

그렇다고 마냥 일만 하는 건 아니고요.^^ 예전에 대출 담당 팀장으로 발령받아 간 지 얼마 안 된 시점에 거액의 대출이 상환되는 일이 있었는데 그때 스트레스를 좀 받았어요.

우울한 마음으로 퇴근하는데 라디오에서 드라마 〈눈사람〉 OST인 서영은의 '혼자가 아닌 나'가 흘러나오는 거예요. 그 노래를 들으면서 좀 차분해졌어요. 저 스스로를 위로할 수 있었죠. 내 잘못도 아닌 일로 자책하지 말자는 생각이 들면서 잘하고 있다고 말이죠.

그 일이 있은 다음부터는 스트레스를 받거나 하면 긍정적인 에너지를 받을 수 있는 음악을 찾아 들으면서 마음을 다시 잡곤 해요.

편 시간이 날 때는 어떤 일을 하시나요?

신 동호회 활동으로 골프, 등산, 문화활동 등을 하고 있어요. 서초부동산 최고경영자과정과 상공회의소 CEO과정에도 참여했었어요.

특히, 함께 공부한 분들과 긴밀한 유대 관계를 유지하면서 업무적으로 일을 볼 때도 편하게 만날 수 있어서 저한테는 도움이 많이 됐던 것 같아요.

서초상공회 CEO과정 수료.

서초부동산 최고경영자과정 수료.

개인적으로는 4차 산업혁명과 재테크 관련 서적 읽는 것을 좋아해서 틈날 때마다 읽고 있어요. 최근에는 최재붕 교수의 『포노 사피엔스』를 읽고 다가오는 4차 산업혁명과 모바일 세상에 대해 고민하는 시간을 갖기도 했어요.

그리고 반려동물을 아주 좋아해서 많이 키워봤어요. 고양이, 강아지, 열대어, 장수하늘소 그리고 앵무새까지 다양한 동물들을 키웠죠.

동호회 활동으로 골프, 등산, 문화활동 등 다양한 활동을 하고 있다.

Job
Propose 41

은행원이란

편 은행원에 대해 소개해 주세요.

신 보통 은행에서 일하는 사람들을 '은행원'이라고 통칭해요. 그럼 은행이란 무엇일까요? 은행(銀行)은 예금을 받고, 대출을 해 주는 금융회사입니다.

은행의 업무 방식과 형태가 많이 달라졌음에도 불구하고 은행이 하는 궁극적인 기능과 역할들은 여전해요. 은행이 가지고 있는 가장 기본적인 기능이자 필요성이 바로 자금의 보관과 결제 기능이죠. 결국 은행은 자본주의 사회가 존속되는 한 우리 생활에서 떼려야 뗄 수 없는, 경제가 원활히 돌아갈 수 있도록 하는 사회의 핏줄 같은 역할을 수행해요.

은행은 경제의 흐름에 산소를 공급해 건전한 사회를 유지하는 역할이고 은행원은 이 흐름이 막히지 않도록 신속하고 정확한 업무 처리를 해야 하는 거죠.

편 구체적으로 어떤 일을 하나요?

신 은행에는 본점이 있고 지점이 있어요. 본점에서는 상품개발, 자금 운용 및 경영관리 업무 등을 수행하고, 지점에서는 마케팅, 상품 판매 및 고객 관리 업무 등을 하는 해요.

세부적으로 살펴볼까요? 지점 업무는 개인종합창구, 기업종합창구, 그리고 VIP 창구, 즉 PB가 있어요.

개인종합창구에서 하는 업무는 고객에게 금융상품을 권유하고 상담하는 일이에요. 주로 예금, 입금, 지급, 인터넷 뱅킹, 공과금, 환전, 신용카드 등의 업무를 상담하고 처리하죠. 그리고 노후 대비를 위한 연금 및 방카슈랑스*라고 하는 보험 상담도 하고 있어요. 대출 상품은 주로 가계대출을 의미하는데 일반적으로 모기지론을 비롯해 무주택 국민의 내 집 마련을 위한 내집마련디딤돌대

---

* 방카슈랑스(Bancassurance) : 프랑스어로 은행을 가리키는 'Banque'와 보험을 뜻하는 'Assurance'의 합성어다. 넓은 의미에서는 은행이 보험사와 전면적인 제휴를 하거나, 은행이 보험사를 자회사로 두어 보험 서비스를 제공하는 것을 말하지만, 좁은 의미에서는 은행이 판매하는 보험상품을 가리킨다. 우리나라는 2003년에 처음 도입해 시행했다.

출, 무주택 국민의 주거 안정을 지원하는 버팀목전세자금대출, 신용대출, 전문직(의사, 변호사, 세무사 등) 대출 등을 취급하고 있어요. 또한 은행에 직접 방문하기 어려운 고객을 위해 다양한 비대면(모바일) 채널도 활용하고 있죠.

이 밖에도 자동차 신차 또는 중고차를 구입할 때 연계된 자동차 대출 상품도 있어요. 이렇게 예금부터 대출까지 필요한 모든 금융상담이 원스톱으로 이루어지고 있어요.

기업종합창구에서는 법인 및 개인사업자를 대상으로 기업을 운영할 때 필요한 시설자금 또는 운전자금 등 기업 대출 상담과 회계 및 대금 결제, 자금 관리 CMS 서비스를 제공해 기업의 성장을 돕고 있어요. 기업과 관련한 다양한 니즈가 있기 때문에 상담에 신중을 기해서 꼼꼼하게 업무를 수행해야 해요.

또 기업공개 등 상장 계획이나 가업 승계, 회사 자산 매입 및 분양 관련한 컨설팅 업무도 수행하고 있어요. 그리고 외환 업무가 있어요. 일반 외화 송금부터 시작해서 수출입 신용장, 무역금융, 외화 대출, 선물환 약정 등을 모두 포괄해 업무를 보고 있죠.

기업금융에서는 PF도 같이 해요. PF는 Project Financing의 약어예요. 예를 들어, 대규모 건물을 짓기 위해서는 부지를 매입해야 하잖아요. 당연히 많은 돈이 필요하겠죠. 그런데 부지를 매입하

은행의 VIP 상담실.

고 건물을 완공하기 전까지는 발생되는 이익이 없기 때문에 장래에 발생할 현금흐름이 매우 중요해요. 그래서 본부와 협조해서 사업성에 대한 구체적인 검토와 자문을 통해 PF를 수행하고 있어요.

PB(Private Banker)는 말 그대로 고액 자산가들이 자산을 불릴 수 있도록 자산관리를 하는 금융 포트폴리오 전문가를 의미해요. 대부분 예약 시스템으로 운영되고 있죠.

PB가 상대하는 고객들은 절세 및 비과세에 관심이 높아요. 수준 높은 상담을 하기 위해서 PB는 필수 자격증은 물론 주식, 채권,

환율, 부동산 등 시장정보에 늘 예의 주시하고 공부를 게을리하지 않으면 안 돼요. 자녀가 있다면 상속과 증여에 대한 상담부터 시작해서 골드바, 부동산 등 재테크에 관련된 상담은 모두 하고 있어요. 펀드 전문가가 추천한 펀드를 참고한 재무진단을 통해 연금, 펀드 등 최적의 포트폴리오를 구성해 고객에게 제안하고 있어요.

PB 고객은 가격보다는 가치를 중시하는 성향을 가지고 있기 때문에 더욱 세심하고 전문적인 일대일 상담을 원해요. 그렇기 때문에 은행 PB의 종합 서비스 역량이 매우 중요하다고 생각해요.

편 PB 업무를 맡으려면 직급이 높아야 하나요?

신 기본적으로 PB 업무를 수행하기 위해서는 펀드, 보험, 파생상품, 자산관리와 관련된 자격증 등 총 15개의 자격증이 필요해요.

상품 판매에 필요한 펀드, 보험, 파생상품 자격증은 반드시 보유하고 있어야 하고, 그 외 은행자산관리사(FP), 한국재무설계사(AFPK), 국제공인재무설계사(CFP) 등의 자격증을 보유하고 있다면 PB로서의 자질과 능력을 인정하고 있죠. 과거에는 일정 직급 이상이 되어야 PB 업무를 볼 수 있었지만, 지금은 직급과 상관없이 내부 추천과 심사를 통과하면 PB 업무를 수행할 수 있어요. 종합적인 상담 역량을 갖추고, 고객과 친화력 있는 소통과 공감 능력을 보유하고 있다면 도전해 볼 분야예요.

편 지점장님도 15개 자격증을 다 취득하셨겠네요?

신 저는 은행에 입행해서 주로 기업금융 및 외환업무를 담당했어요. 자연스럽게 그 분야에 관심을 가지게 되어 은행자산관리사(FP), 한국재무설계사(AFPK), 외환전문역, 국제무역사 1급, 기업여신직무인증 등 지금까지 14종의 자격증을 취득했어요.

행원 시절에 1년에 하나씩 자격증을 땄죠. 그럴 수 있었던 것도 당시 지점장님의 조언 덕분이었어요. 과장 승격 이후 당시 지점장님이 지금부터 1년에 하나씩 자격증을 따야 한다고 했거든요.^^ 그래서 무조건 1년에 자격증 하나씩 취득하기로 마음먹었는데 세어 보니 14개가 됐네요.

29년 동안 은행 생활을 하면서 거쳐 간 지점장님께서 코칭을 잘 해주셨고, 은행에서도 성장하도록 비전을 제시해 주고 방향을 잘 잡아주었죠.

본점에서 하는 일은 무엇인가요?

[편] 은행이라고 하면 창구 업무가 먼저 떠오르는데요. 본점에서 하는 일은 무엇인가요?

[신] 본점에서는 상품을 직접 판매하는 것은 아니고 지점에서 영업을 할 수 있도록 도와주는 일을 하는데 주로 상품개발, 자금 운용 및 경영관리 업무 등을 수행해요.

본점 부서 중 몇 곳을 소개하면, 리스크관리부서는 고객에게 대출을 할 때 은행에 손실이 발생하지 않도록 위험을 관리해요.

WM투자전략부서는 투자전략, 주요 시장 이슈, 채권, 주식, 환율, 금리 등을 분석해 고객에게 포트폴리오를 제안할 수 있도록 정보를 제공하는 부서예요.

인재개발부서는 임직원들의 기본능력 향상 및 직무 강화를 목적으로 다양한 대면 및 통신 연수, 사이버 연수 등을 주관하죠.

외환마케팅부서는 외환 및 수출입 관련 신상품과 마케팅 지원을 위해 분석한 자료를 제공해요.

소외계층 아동의 돌봄 프로그램을 지원하고 임직원의 자발적인 릴레이 기부 진행을 통해 기부문화 확산 및 나눔을 실천하는 사회봉사단도 있어요.

여의도의 국민은행 통합
신사옥.

    자영업자와 예비창업자의 사업 경쟁력 강화 지원을 위해 소호
컨설팅센터를 운영해 실질적인 경영 컨설팅 및 금융 지원 노하우
등의 비금융서비스도 무료로 제공하고 있는데, 금리 우대 지원과
다양한 금융 지원으로 상담한 고객들의 만족도가 매우 높아요.

그 외에도 연금사업부에서는 퇴직연금 고객 수익률 관리와 마케팅 지원을 위해 유익한 정보 제공을 꾸준히 하고 있어요.

아웃바운드사업부에서는 이주비 대출, 중도금 대출 등 집단 대출 업무가 있으면 고객 대출 신청서 접수 등의 지원을 하기도 해요. 지점에서 한정된 인원으로 업무를 처리하기에는 업무량이 너무 많으니까요.

국민은행에는 'Liiv M(리브모바일)'이라는 사업도 있는데 금융권 최초로 금융과 통신을 융합해 새로운 모바일 서비스를 제공하는 사업이에요. 일종의 이동통신 서비스인데, 은행에서 모바일을 판매한다고 하니 이해가 좀 안 되죠? 금융 혜택을 활용한 요금 할인이라든지, 통화 중에는 ATM 출금이 제한되는 '보이스피싱 예방서비스'라든지, 공인인증서 기능을 넣은 유심을 사용한다든지 하는 것과 같이 금융회사의 장점을 활용한 서비스를 제공하는 거예요. 이 상품을 기획한 리브엠 사업단이 본점에 있는 거죠.

이와 같이 본점에서는 상품을 기획하고, 지점에서 상품을 판매하는 데 필요한 규정과 지침을 만들고, 영업점에서 상품을 판매하면서 발생하는 문제를 해결하고 감독하는 일을 하고 있어요.

이 외에도 총무부, 채널지원부, 준법지원부 등 다양한 부서가 있어요.

영화에서처럼 강도가 들었을 때
버튼 하나만 누르면 바로 경찰이 출동하나요?

편 영화에서처럼 강도가 들었을 때 버튼 하나만 누르면 바로 경찰이 출동하나요?

신 네. 바로 출동해요. 보안업체와 계약이 되어 있고, 관내 경찰서와 연결이 되어 있어서 신속하게 출동하죠. 금융 사고가 발생하지 않기 위해 보안 교육도 철저히 받고 있어요.

참고로 은행 내부적으로 불법 자금 세탁 및 보이스 피싱 같은 범죄를 예방하기 위해서 은행에서 현금으로 1,000만 원 이상 입·출금하면 의심거래 보고, 고액현금거래 보고 등 금융정보분석원*에 보고하게 되어 있어요.

또 금융 사기를 사전에 예방하기 위해서 통장 개설 시 사용 목적을 반드시 증빙해야 하는 절차가 있어요. 고객 입장에서는 다소 불편할 수도 있지만, 사고 예방 차원이라는 점을 이해해 주셨으면 해요.

* 금융정보분석원 : 금융기관을 이용한 범죄자금의 자금 세탁행위와 외화의 불법 유출을 방지하기 위하여 2001년에 설립되었다.

실제로 창구에서 고액의 현금을 인출하려는 경우에는 저희도 주의 의무를 다해서 보이스피싱이 의심되는 경우 고객들이 피해를 보지 않도록 조심스럽게 업무 처리를 하고 있죠.

우리나라 최초의 은행은 어디인가요?

편 우리나라 최초의 은행은 어디인가요?

신 한성은행(조흥은행 전신)*이에요. 최초의 은행이 한성은행이냐, 상업은행이냐를 두고 논쟁이 있긴 해요. 그런데 제가 알고 있기로 는 한성은행이 제일 오래된 것으로 알고 있어요.

서울시 종로 서린동에 있었던 한성은행 건물.

* 편집자 주 : 한성은행은 1897년 2월19일 설립됐다. 한국기네스협회는 1995년 에 한성은행을 우리나라에서 가장 오래된 은행으로 공인했다. 한성은행의 첫 담 보대출은 '당나귀 대출'로 대구에서 올라온 상인이 당나귀 한 필을 담보로 맡기고 돈을 빌린 것이 우리나라 은행에서 이뤄진 최초의 담보대출이라 알려져 있다.

[편] 은행원에게 필요한 역량은 무엇인가요?

[신] AI, 클라우드, 블록체인, 디지털 자동화는 이미 대세가 되고 있어요. 반복적인 업무, 단순한 업무는 더 이상 은행원의 몫이 아니에요. 입출금, 예금, 더 나아가 대출 업무까지 모바일 하나로 모두 해결이 가능한 시대죠.

앞으로 은행원은 글로벌 수준의 최상의 직무 전문가가 되기 위해 노력해야 해요. 핵심 분야인 기업금융 또는 PB로 도약하기

은행원이 가져야 할 최고의 덕목은 전문성을 갖추고 정직, 신뢰, 공감하는 능력이다.

위해 유니버설 뱅커가 되어야 하는 거죠.

고객의 입장과 이익을 최우선으로 하면서 전문성을 갖추고 정직, 신뢰, 공감하는 능력이 은행원이 가져야 할 최고의 덕목인 것 같아요. 고객을 어떻게 자신의 평생 고객으로 만드느냐 하는 것이죠.

프로의식을 가지고 고객들의 다양한 니즈를 충족시키기 위해서 끊임없이 공부하고 학습하는 자세가 필요해요. 고객의 입장에서 생각하고 노력한다면 고객과 함께 평생 금융 파트너가 되고, 금융인으로서의 보람과 긍지를 느낄 수 있을 거라 생각해요.

편 미래에도 필요한 직업인가요?

신 디지털 금융이 일상화된 금융 환경은 고객이 군이 은행에 내점하지 않아도 모바일이나 인터넷을 이용해 예금, 대출, 공과금 납부, 제신고 업무를 손가락 클릭만으로도 손쉽게 해결할 수 있을 정도가 됐어요.

이처럼 4차 산업혁명이 도래한 시대에 은행의 경상적, 일상적 업무는 점점 AI로 대체되어 가는 것이 현실이에요. 그렇다 보니 지점 수도 많이 줄어들었고 지점 인력도 같이 줄어들었죠. 하지만 AI가 수행하는 업무가 많아진다고 해도 사람의 영역은 여전히 존재할 것이라고 생각해요. 이게 바로 유니버설 뱅커의 역할이에요.

유니버설 뱅커란 1명의 직원이 단순 거래 처리부터 상품 판매, 고객서비스 관리까지 복수의 직무를 상황에 따라 바꿔가며 수행하는 '직무 통합형' 인력운용 방식을 의미해요.

고객은 은행 업무가 한 번에 처리되기를 바랄 거예요. 그러므로 미래에 은행원이 해야 할 역할은 고객 가치를 향상시키는 프로 금융인이 되어야 하는 거예요. 상속, 증여, 양도세, 법률 상담 등 자산관리 고민을 해결할 수 있어야 하고, 우수기업체 현장을 직접

미래에는 유니버설 뱅커(Universal Banker)의 역할이 중요하다.

방문해 임직원에게 자산관리 컨설팅을 제공하는 서비스, 고객의 상품분석을 포함한 종합 포트폴리오 진단 서비스 등을 담당해야 하죠.

이 분야는 앞으로도 은행원의 영역으로 남아 있을 것이고, 이것이 바로 유니버설 뱅커입니다.

은행원이 되는 일반적인 방법은 무엇인가요?

편 은행원이 되는 일반적인 방법은 무엇인가요? 국민은행의 공채 전형에 대해서 알려주세요.

신 국민은행 홈페이지나 유튜브에 채용에 대해 자세하게 설명하고 있어요. 인사 담당자가 출연해서 설명도 하고, 신입행원들이 찍은 영상도 있죠. 보면 도움이 될 거예요.

일반 직원과 전문 직무직원으로 구별해서 채용하는데 일반 직원을 흔히 신입행원이라고 불러요.

채용 과정에서 편견이 개입되어 불합리한 차별을 야기할 수 있는 출신 지역, 가족관계, 학력, 외모 등의 항목을 요구하지 않고 지원자의 직무능력을 평가하는 블라인드 채용 방식을 채택하고 있어요. 모집 시기는 직무별로 인력 수요 등을 고려해서 정하고, 필요할 경우 수시로 채용이 이루어지기도 해요. 일반적으로 학력, 연령, 전공 제한은 없지만, 세부 기준은 채용 공고에 따라 다를 수 있어요. 전형 절차는 지원서를 작성하고 서류전형, 필기전형, 면접전형, 신체검사를 해요.

서류 전형에서는 지원서 작성 내용을 보고 지원 직무와의 적합성 여부를 심사해요.

국민은행 유튜브 채널에는 다양한 정보가 있다.

　　필기 전형에서는 직무능력 시험 및 인성검사 등을 통해 필요한 언어능력, 수리능력, 직무 적성, 윤리, 도덕성 등을 평가해요.

　　면접 전형에서는 직무수행에 필요한 역량 보유 여부를 질의 응답, 집단토론, 프레젠테이션 등의 방법을 통해 검증해요. 요즘은 화상 카메라로 AI가 면접을 진행하는 과정도 있어요. AI가 입, 목소리, 자주 쓰는 단어, 눈 시선 처리, 얼굴 표정 변화, 윤곽 본인 확인 등을 미세하게 관찰한다고 하는데 실감이 나지 않기도 하죠.

국민은행 연수원.

편 경쟁률이 얼마나 되나요?

신 2020년 3월 신입행원 공채 때 수험번호가 24,000번이었어요. 270여 명을 채용했으니 89:1 정도의 경쟁률인 셈이죠.

채용 후에는 연수를 받아요. 저희 때는 한 달이었는데, 지금은 두 달이라고 하더라고요. 연수는 합숙으로 진행하는데 국민은행 연수원이 3군데가 있어서 장소를 바꿔가며 연수하는 것으로 알고 있어요. 두 달 동안 연수하기 때문에 창구에 딱 앉으면 웬만한 업무는 처리할 수 있을 정도의 수준이 돼요. 게다가 요즘 신입행원들은 외국어는 기본이고, 정말 스마트하고, 이해도도 엄청 빨라요.

편 본점과 지점을 나눠서 채용하나요?

신 일반 직원과 전문 직무직원을 구분해서 채용하는데 본점에서만 근무하는 인력을 전문 직무직원이라고 보면 되겠어요. 예를 들면 변호사나 감정평가사, 세무사, IT 분야 인력은 본점에서 바로 근무하게 되고요, 일반 직원들은 지점에서 먼저 3년 정도 근무하면 본점으로 갈 수 있는 기회가 주어져요.

본점 근무는 공모 제도를 통해 선발하는데 응모한 직원들을 대상으로 서류심사와 면접을 통해 선발해 인력 풀(Pool)에 들어가게 되고, 공석이 생기면 그 안에서 경쟁을 통해 상하반기 인사이동 시 최종 선발되면 본점에서 근무할 수 있어요.

본점도 다양한 부서가 있기 때문에 본인 적성에 맞는 부서를 정해야 하고 역량 및 자기계발 노력을 열심히 해야 해요. 기회가 주어져도 준비가 안 되어 있으면 본부에 들어가기가 쉽지는 않아요. 경쟁이 치열하죠.

편 경쟁이 치열하다고 하셨는데 본점 근무를 더 선호하나요?

신 부서마다 상황이 다르다고 봐요. 사실 막연하게 본점 근무가 편할 거라고 생각할 수도 있는데 잘못된 생각이에요. 본점에서는 상품개발, 기획, 자금 운용, 재무 및 경영관리 업무 등을 수행하게 되는데, 장점이라면 관심 분야에 역량을 발휘할 수 있는 기회가 주어진다는 점이죠. 바꿔 말하면 적성에 맞지 않으면 일이 힘들게 느껴질 수도 있어요.

단점은 프로젝트를 수행하면서 부서 간 협조와 사업 타당성 검토를 하다 보면 시간에 쫓기는 일이 있을 수 있다는 거예요. 본점 생활이 쉬운 건 아니에요. 주말에 근무하는 경우도 있고 절대 만만치가 않죠.

은행에 입행하면 각종 연수 프로그램을 이수하게 되는데 본인이 목표를 두고 있는 본점 부서의 업무에 대해 집중적으로 관심을 가지고 준비하면 좀 더 유리하지 않을까 생각해요.

사람 만나는 게 편하고 적성에 맞는다면 지점에서 일하는 것이 더 적합하고, 기획이나 자신의 전문 분야만 집중해서 일하는 편이 좋다면 본점이 더 적합하다고 할 수 있어요. 본인이 좋아하는 것, 하고 싶은 것을 찾아서 자아실현도 하고 행복과 보람을 느꼈으면 해요. 저는 사람 만나는 것을 좋아하고, 상담했던 고객들이 서비스에 만족하고 잘 되었을 때 성취감과 보람을 느꼈죠.

편 유리한 전공이 있나요?

신 예전에는 상경계를 선호했는데 요즘은 학력, 연령, 전공 구분 없이 지원할 수 있어요. 그리고 디지털, 비대면 거래가 일상화되고, 기존에 창구에서 했던 일들이 빠르게 AI로 대체되어 가고 있기 때문에 어떤 스킬보다는 고객지향적이고 창의적인 사고가 더 필요하다고 생각해요.

편 자격증이 있어야 하나요?

신 은행 취업을 위해 입행 전에 자격증이 반드시 필요한 것은 아니에요. 하지만 취업 준비생들은 자격증 취득에 많은 관심을 가지고 있죠. 특히 증권투자상담사, 펀드투자상담사, 파생상품투자상담사 등을 금융권 취업의 필수 자격증이라고 말하기도 해요.

물론 입행한 후에는 관련 자격증이 필요해요. 고객은 최고의 금융서비스를 받길 원하는데 금융 자격증이 없다면 그 은행원을 신뢰할 수 없을 테니까요.

편 영어를 잘 해야 하나요?

신 기본적으로 외국어는 필수가 되었고, 자신의 스펙 관리를 위해서라도 외국어 능력 배양에 정진해 주었으면 해요. 은행에서도 많은 관심을 가지고 있고 영어를 잘하면 은행 업무하는데 유리한 점이 많아요. 국민은행에는 영국, 홍콩, 일본을 비롯해 9개의 해외 지점이 있거든요.

영어 외에 추가로 제2외국어도 할 수 있다면 국내외 대학 또는 대학원에서 주관하는 MBA 과정 등 역량 향상을 위한 다양한 연수 및 해외 지점에서 일할 기회가 주어져요.

따라서 영어에 대한 관심과 자신감을 갖출 수 있도록 말하기, 듣기, 독해 연습을 평소에 꾸준히 학습할 필요가 있어요. 단순히 은행에 취업하기 위해 토익 점수를 높이는 것보다 실무적으로 사용할 수 있도록 평소에 말하기 연습을 충분히 해놓는 것이 좋아요.

편 유학이 필요한가요?

신 꼭 그렇지는 않은 것 같아요. 국내에서 학업을 마치더라도 충분한 경쟁력이 있고, 취업에 별 어려움이 없다면 유학이 꼭 필요하지는 않겠죠. 은행에서 원하는 수준의 전문성과 경쟁력을 갖출 수 있다면 군이 유학을 갈 필요는 없다고 생각해요. 다만, 유학을 통해 외국어를 배우고, 학문적인 시야를 넓힐 수 있는 기회가 될 수는 있겠죠.

편 학창 시절엔 어떤 준비를 하면 좋을까요?

신 일단 금융 쪽에 관심을 가지는 게 제일 중요한 것 같아요. 관심을 가지게 되면 자연스럽게 행동이 뒤따르게 되고, 은행권에 한 발짝 더 다가설 수 있을 거예요.

학교 공부로 시간 내기가 쉽지는 않겠지만, 경제신문 한 개 정도는 구독해 보고 사설은 꼭 읽는 습관을 지녔으면 해요. 그런 측면에서 독서를 추천해요. 다독을 하게 되면 아는 것도 많아지고, 아이디어도 생기고, 말도 잘하게 되죠.

그리고 은행에 방문해서 객장에 비치된 상품 안내장도 읽어 보고, 계좌도 직접 개설해 보고, 예금이나 적금 상담도 하고, 입출금도 해 보면 좋겠어요.

사실 저도 중학교 2학년 때 직접 은행에 방문해서 통장을 개설했는데, 그때 처음 개설한 계좌가 국민은행 계좌였어요. 세뱃돈 5,000원으로 통장을 만들었는데 조금씩 모으면 부자가 되겠구나 하는 생각을 했죠. 종잣돈을 모아서 제가 사고 싶었던 음반도 사고, 미니카도 모으고 했었어요. 비록 소액이지만 예금한 돈이 시간이 지나면 이자도 생기고, 돈을 모아 원하는 물건을 살 수 있었으니 얼마나 좋았겠어요.

은행 방문이 여의치 않다면 경제 관련 유튜브, 관심 있는 은행의 홈페이지, 또는 블로그 등을 구독하는 것도 방법이에요. 유익한 정보도 얻을 수 있고, 어깨너머이지만 은행 업무를 체험할 수 있을 거예요.

어떤 자질을 갖추어야 하나요?

편 어떤 자질을 갖추어야 하나요?

신 돈을 관리하는 직종이다 보니 정직하고 윤리의식이 있어야 해요. 그리고 세심하고 꼼꼼하고 정확해야 하죠. 덤벙대면 아무래도 힘들겠죠. 또 적극적이고 활달하고 친화력이 있어야 해요.

은행에 오는 고객들은 예금이든 대출이든 뭔가 금융 상담을 받기를 원하거든요. 그렇다면 은행원으로서 최소한 고객이 원하는 것을 잘 듣고, 고객이 감동할 수 있도록 예의 바른 태도와 정성을 다해야 해요. 고객의 마음을 읽고 그것을 채워주려는 노력을 보일 때 고객은 감동하죠. 진심과 열의를 가지고 최선을 다해야 해요.

소극적이고 사무적인 태도보다는 적극적이고 긍정적인 사고방식, 밝은 미소와 쾌활한 성격은 주변 사람을 행복하게 만들어 주는 매력을 가지고 있어요.

더불어 지시받은 것만 겨우 해내거나 과거의 일처리 방식을 답습하는 데서 벗어나 계획 수립부터 실행, 분석까지 자율성과 창의성을 발휘할 수 있다면 그것이 바로 은행원의 덕목이자 자질이라고 생각해요. 은행에 방문했는데 상담하는 직원이 단답형으로 무뚝뚝하게 답변하면 기분 좋을 리 없겠죠.

국민은행에서는 고객이 주는 상이 있어요. 'CS상'이라고 하는데 매년 전체 직원의 10%를 선정해서 포상을 해요. 고객 응대를 잘하는 직원을 고객이 직접 추천하는 거죠.

편 CS상은 고객의 칭찬 글이 많으면 받는 건가요?

신 고객이 칭찬 글도 남기지만 은행에서 자체적으로 모니터링을 하기도 해요. 고객이 평가한 만족 수준 정도를 계량화한 지표가 '국가고객만족도(NCSI)'인데, 국민은행이 2020년 국가고객만족도 1위를 했어요. 은행권에서는 유일하게 최다 14회 1위 영광을 달성했죠.

CS 우수직원으로 선발되면 인증패와 표창장을 수여하고, 해외 연수 기회를 제공해요. 고객서비스를 잘하는 직원에게 고객이 수여하는 상이라는 큰 의미가 있죠.

특히, 5년 연속 수상을 하게 되면 '탑 아너(Top honor)'라는 최고의 영예를 줘요. 우리 지점에 'Top honor'를 수상한 직원이 있어요. 국민은행에서 5년 연속 수상한 직원은 전국에 49명밖에 없는데 진짜 대단한 일이죠.

매년 시상식을 열어 포상을 하고 직원들을 격려한다.

편 'Top honor'를 수상한 직원은 어떤 직원인가요?

신 제가 눈여겨보니 남들과 다른 점이 있어요. 업무 지식뿐만 아니라 고객에게 친화력과 세심한 업무 처리로 정평이 나 있어요. 주변 동료들한테도 신망이 높고 솔선수범하는 우수직원이죠. 한마디로 조직에 대한 고마움을 알고, 그것을 잊지 않는 겸손하고 밝은 직원입니다.

지금도 주어진 위치에서 보석처럼 빛나고 있는 그 직원에게서 배울 점이 참 많아요. 그 직원에게 이렇게 얘기했어요.

"함께 근무할 수 있어 행복해. 그리고 고마워."

편 연봉은 어느 정도인가요?

신 2019년 12월 말 기준으로 6대 시중은행(국민·신한·하나·우리·한국씨티·SC제일은행) 직원들이 받은 평균 연봉이 9,000만 원 중반 수준이에요. 신입행원 초봉이 평균 5,500만 원 정도이고, 지점장 평균 연봉은 1억 5,000만 원 정도예요.

은행마다 성과급의 체계가 다르기 때문에 차이가 좀 있을 수는 있어요. 성과급은 매년 임금 및 단체협약(임단협)에서 노사가 합의해 책정하고 있어요.

직급체계는 어떻게 되나요?

편 직급체계는 어떻게 되나요?

신 국민은행의 직급체계는 L0~L4 등 5개 직급으로 이루어져 있어요. 처음 입행하면 L0(계장)라고 해요. 승격 심사를 거쳐 L1(대리), L2(차/과장급), L3(부지점장/지점장), L4(지점장/본부장)가 되고, 임원으로는 지역대표, 상무, 전무, 부행장, 은행장 체계죠.

편 계장에서 대리로 승진하는데 필요한 근무 연한이 있나요?

신 계장에서 대리가 되기 위한 승격 연한은 5~7년 정도예요. 제반 요소가 충족되면 대리로 승진하게 되는데 성과평가와 역량평가를 병행해요. 은행 실무 종합평가가 30%이고, 나머지 70%는 성과 및 역량평가를 반영해요.

편 업무는 직급에 따라 다른가요?

신 업무에 대한 직급 제한은 없어요. 직원마다 업무수행능력이 다르기 때문에 계장이라고 하더라도 PB 업무를 수행할 역량이 된다면 PB 업무를 볼 수가 있어요.

업무 수행 시 금융 관련 필수 자격증을 보유하고 있어야 하고

직원이 모두 함께 성장하는 것이 목표다.

업무는 개인종합창구, 기업종합창구, PB로 구분해요.

그런 면에서 직원이 각자 역량을 높일 수 있도록 동기부여를 하고 코칭을 수시로 하고 있어요. 직원들도 고객에게 최상의 금융 서비스를 제공하기 위해 은행 연수 프로그램을 활용해 통신 연수, 화상 연수를 지속적으로 실시하고 있고, 역량을 갖추기 위해 열심히 노력하고 있죠.

근무 시간이나 형태는 어떻게 되나요?

편 근무 시간이나 형태는 어떻게 되나요?

신 오전 9시부터 오후 6시까지예요. 주 52시간(법정 근로 40시간 + 연장근로 12시간) 근무가 정착되었죠. 근무 시간이 단축되면서 퇴근이 빨라지고 시간적인 여유가 많아지다 보니 여가활동, 자기계발도 할 수 있고 취미생활로 소비도 늘어나는 등 긍정적인 효과가 나타나고 있죠.

일과 삶의 균형이라는 '워라밸'을 적극 실천하고, 주 52시간이라는 한정된 근로 시간에 효율을 높일 수 있도록 하고, 특정 직원에게 업무가 치우치지 않도록 업무 분장에도 신경 쓰고 있어요.

오후 6시 이후부터는 시간외 근무로 간주해요. 시간외 근무는 보상 개념이 적용되어서 수당 또는 휴가를 받게 되죠. 그런데 은행 입장에서는 모두 비용이기 때문에 가능하면 시간 내에 업무를 마치고 정시 퇴근을 독려하고 있어요. 특별한 일이 없는 한 늦어도 7시 이전에는 전 직원이 퇴근합니다.

편 복지는 어떤가요?

신 건강검진, 의료비 지원, 학자금 및 각종 경조사 지원으로 직원들이 안정된 생활을 할 수 있도록 편의를 제공하고 있어요. 또한, 구내식당과 사내 동호회를 운영하고 있고, 직원들의 자기계발을 지원하고 있죠. 성과에 따른 인센티브제, 상여금, 장기근속자 포상, 우수 행원 포상, 퇴직금, 4대 보험 혜택이 있어요.

편 장기근속자 포상은 어떤 것이 있나요?

신 매년 창립기념일에 10년, 20년, 30년 등 근속 연수에 따라 기념패를 시상해요. 또 입행 이후 만 40세 이상부터는 생애설계 통신연수과정을 실시하고 있어요. 직원들의 생애주기 변화에 대한 준비를 돕기 위해 운영하고 있죠. 45세 이상이 되면 내일배움카드제 참여 지원과 재취업 지원 프로그램이 제공돼요.

인생 100세 시대에 경력개발과 전문성 겸비를 통해 평생 현역, 평생 경력으로 생애설계 가이드 역할을 해주고 있어 직원들이 많은 관심을 가지고 있죠.

편 업무 강도는 어떤가요?

신 불과 몇 년 전만 하더라도 아침 일찍 출근해서 밤늦게까지 야근하는 것이 일상인 시절이 있었어요. 만성피로를 호소할 정도로 업무 강도가 높은 편이었죠. 하지만 주 52시간 근무제 도입 이후 오후 6시가 되면 PC-OFF가 돼요. 근무 환경이 많이 좋아졌죠.

업무 강도는 개인마다 차이는 있겠지만 업무 숙련도나 입행 연도에 따라 느끼는 체감도가 다를 거라고 생각해요. 처음에는 업무가 익숙하지 않아서 힘든 시기를 보낼 수 있겠죠. 하지만 차츰 고객 응대 스킬이 생기고 입행해서 3년 정도 지나 거절에 대한 두려움을 극복해 나가면서 자신감이 생기게 되면 업무 강도가 그다지 세다고 느껴지지 않아요.

주어진 과제를 혼자 해결하기보다는 함께 근무하는 선배나 주변 동료에게 조언을 받으면서 해결하다 보면 자신도 모르게 프로 금융인이 되어 가는 모습을 발견할 수 있을 거예요.

편 재테크에도 도움이 많이 될 것 같아요.

신 일을 하면서 최신의 금융 정보를 자연스럽게 접할 수 있어요.

예금, 펀드, 신탁, 보험 등의 정보를 사내 게시판을 통해 손쉽게 열람이 가능해요. 경영연구소에서는 매주 금융정책, 제도, 금융용어 등을 정리해서 제공해 주니까 유용한 금융 정보를 습득할 수 있는 장점이 있어요.

저는 브랜드전략부에서 제공하는 오늘의 조간신문 기사를 관심을 가지고 보고 있어요. 금융 상식을 넓힐 수 있고, 고객들을 만나서 상담할 때 활용하고 있죠. 또, 국내외 금융시장 전망, 세무, 투자 정보 등 다양한 채널을 통해 고객에게 유익한 정보도 제공할 수 있고 재테크에도 많은 도움이 됩니다.

🔲 제약회사를 다니다가 이직했는데 은행에 입사했을 때 걱정되었던 점이 있었나요?

🔲 제약회사는 연수 기간 포함해서 두 달 정도 근무했어요. 경제학을 전공하고 입행을 했는데 처음 몇 년간은 적응하느라 힘든 시기도 겪었어요. 하지만 업무에 차츰차츰 익숙해지면서 사람 만나는 것을 좋아하게 됐어요.

활달한 성격은 아니지만, 고객 입장에서 생각하고 문제를 해결하려고 노력했고 그런 측면에서 고객과 신뢰가 쌓이게 되었죠. 제 적성과 잘 맞았다고 생각해요.

은행에서 일하면서 가장 기억에 남는 순간은 언제였나요?

편 은행에서 일하면서 가장 기억에 남는 순간은 언제였나요?

신 개인금융지점과 기업금융지점이 2개로 분리되어 있다가 1개 점포로 통합되는 지점이 있었어요. 점포 효율화 차원에서 인력 재배치도 이루어졌죠. 당시 저는 개인금융지점에서 기업담당 팀원으로 기업대출 업무를 담당하고 있었어요.

기업금융지점에서는 기업금융 담당자를 RM(Relationship Manager)이라고 하는데, 기업금융 전반을 다루는 일을 수행해요. 기업 특성에 맞게 재무 컨설팅 및 리스크 관리, 외환, 수출입과 연관된 금융상품을 제공하는 업무를 하죠.

지점이 통합되어 RM 인력이 부족해서 한 명을 보강해야 하는 상황이었어요. 마침 저한테 그 기회가 주어졌어요. 금융컨설팅을 하면서 기업의 성장을 도울 수 있다는 점이 매력적으로 다가왔죠. 고객과의 돈독한 신뢰관계를 쌓으면서 영업실적도 내야 하는 것이 스트레스 요인으로 작용하기도 하지만 그만큼 성취감도 느낄 수 있는 직무거든요.

특히, 기업의 효율적인 자산 운용을 위해 장·단기 자금계획에 따라 시설자금 및 운전자금을 제공하는데 대출 규모도 100억 이상의 큰 금액이어서 실수가 발생하지 않도록 신중하고 꼼꼼한 성격과 위기 대처 능력도 가지고 있어야 해요.

지금 생각하면 겁이 없었던 것 같아요. RM을 하려니 눈앞이 캄캄하긴 했어요. 어쨌든 그렇게 자리를 이동하게 됐는데 결과적으로는 저에게는 아주 잘된 일이 됐어요.

당시 법인업체들이 리스크 관리를 하면서 대출을 축소했고 대신 소상공인 및 자영업자 대출이 호황기를 누리게 됐어요. 저는 개인금융지점에서 SOHO 대출 경험이 있었기 때문에 저에게 상담 의뢰가 많이 들어왔죠. 기존 기업금융지점 RM들은 법인업체들만 관리하다 보니 소상공인 및 자영업자 대출은 취급하지 않았거든요. 이러한 업무를 제가 맡아 관리한 덕분에 큰 성과를 낼 수 있었어요.

편 다른 분야로 진출이 가능한가요?

신 제조업체와 같이 전혀 다른 분야로 진출하는 경우는 거의 없어요. 대신 계열사 간 교차 근무가 가능해요. KB금융그룹은 국내에서 최대 고객 기반과 지점망을 갖춘 종합금융그룹으로 은행을 비롯해 증권, 손해보험, 카드, 보험 등 13개 계열사가 있어요. 계열사별 연 1~2회 정기채용 및 직무, 경력 등에 따라 수시채용을 하고 있어서 카드사로도 갈 수 있고, 증권사 혹은 지주회사로도 갈 수 있죠. 전직할 수 있는 기회는 항상 열려 있기 때문에 요건만 충족되어 있다면 다른 분야로 진출이 가능한 거죠.

퇴직을 대비한 재취업 지원 프로그램도 실시하고 있어요. 재무설계, 인맥관리, 재취업과 창업 등 정부가 지원하는 제도도 안내하고 평생 현역, 평생 경력으로 이어질 수 있도록 지원을 하고 있죠. 퇴직하고 1년 후에 은행에서 재고용하는 제도도 있어요. 채용되면 계약직으로 근무를 하게 되고 보통은 지점에서 감사 업무를 담당하게 되죠.

편 현재 삶에 만족하세요?

신 네. 만족해요. 1993년에 은행에 입행해서 벌써 29년이라는 세월이 흘렀네요. 직장생활이 어찌 보면 인생의 황금기인데 직장에서 보람과 가치를 발견하고 자아실현이라는 꿈을 이루게 해준 국민은행에 감사하고 있어요.

편 만약 새롭게 직업을 선택할 수 있다면 어떤 일을 하고 싶으신가요?

신 행원 시절에 '경제 교육 봉사단'으로 활동하면서 청소년에게 경제 교육을 한 적이 있어요. 단편적인 금융 지식을 전달하는 것이 아니라 은행 실무 경험을 바탕으로 돈의 소중함과 용돈을 제대로 관리하는 방법, 올바른 금융 습관 등을 알려주고 실제 통장을 만들어 저축한 돈이 차곡차곡 쌓여가는 기쁨을 알게 해 주고 싶었죠.

새로운 직업을 선택한다면 청소년들이 돈을 모으는 기쁨도 느낄 수 있고, 용돈도 스스로 관리할 수 있도록 도와주는 금융 선생님이 되고 싶네요.

가족은 내 삶의 원동력이다.

통장 개설하기

고객이 통장을 개설하러 왔네요. 입출금 통장 개설은 은행의 기본적인 업무이지만, 요즘은 신규 통장 개설이 까다로워졌어요. 그 이유는 보이스피싱 등 금융 사기 피해 예방을 위해 입출금 통장 개설 절차가 강화되었기 때문이에요. 통장을 개설해야 하는 목적과 그에 따른 증빙 서류가 있어야만 통장 개설이 가능해요. 철저하게 검증하고 의심스러운 사람은 개설을 차단하고 제한을 둠으로써 사고를 예방할 수 있죠. 만약, 통장 사용 목적을 증빙하지 못한다면 금융거래 한도 계좌로 개설하게 되고 이러한 한도 계좌는 입금은 제한이 없지만 출금인 경우에는 ATM 기기 이용은 30만 원, 창구 거래는 100만 원까지만 출금 거래가 가능해요.

고객에게 이러한 내용을 잘 설명하고 필요한 서류를 받아 신규 통장을 발급해 보세요. 그리고 개인 통장 개설 시 함께 진행하면 좋은 업무는 무엇인지 생각해 보세요.

통장 개설에 필요한 서류는?

통장 개설 시에는 고객정보 등록, FATCA 등록, 금융거래목적확인서, 전자금융, 신용카드(체크카드) 등 기본적인 수신 업무의 모든 것을 다뤄야 해요.

보호자가 미성년자 자녀의 입출금 통장을 개설할 때

은행에 방문하는 보호자의 신분증(주민등록증 등), 새로 개설하는 자녀의 통장에 찍을 자녀 명의의 도장, 최근 3개월 이내 발급한 자녀 기준 가족관계증명서 등이 필요해요.

미성년자 본인이 직접 입출금통장을 개설할 때

미성년자가 보호자 없이 혼자 통장을 개설하려면 만 14세 이상이어야 해요. 본인 도장, 본인 신분증(청소년증, 학생증, 여권 등)이 필요해요.

법인(사업자)통장을 개설할 때

거래처 대금결제 목적으로 통장을 개설하는 것인지의 여부와 거래처를 확인해야 해요. 따라서 물품공급계약서(계산서), 부가가치세증명원, 납세증명원, (전자)세금계산서, 재무제표 중 1개가 필요해요.

아르바이트통장을 개설할 때

아르바이트를 해서 임금을 수령하고자 할 때도 이에 대한 증빙자료가 필요해요. 고용주 사업자등록증과 근로계약서 혹은 급여명세서 등 소득 증빙자료가 준비되어야만 통장을 개설할 수 있다는 점을 알려주세요.

공과금, 아파트 관리비 등 자동이체 계좌로 이용할 목적이라면?

공과금이나 관리비 등 자동이체를 위해 계좌가 필요할 경우에는 공과금 납입영수증(명세서)이나 아파트관리비영수증, 아파트입주민 증빙서류 등이 있으면 돼요.

사회 초년생에게 상품 추천하기

이제 막 회사에 입사한 사회 초년생이 은행에 찾아왔네요. 사회 초년생의 경우에는 은행 업무에 대해서 잘 모르고 아직 주거래은행을 지정하지 않은 경우가 많기 때문에 중요한 고객입니다.

어떤 상품을 추천하면 좋을지 생각해 보세요.

사회 초년생에게 추천할 상품은?

은행원이라면 사회 초년생을 대상으로 주거래 계좌 개설(급여이체)과 사회 초년생에게 도움이 되는 상품을 안내해야 하겠죠?

급여통장 개설에 필요한 서류(수시입출금식 통장)

급여 관련 계좌의 경우, 새로 발급받은 통장을 급여통장으로 사용할 것이라는 증빙자료가 필요해요. 따라서 신분증, 재직증명서, 근로소득원천징수영수증, 급여명세서 중 1개가 필요하죠. 재직증명서는 국민연금관리공단 홈페이지에서 직접 신청해 출력하거나, 회사에 요청하면 받을 수 있다고 안내합니다.

적금

사회 초년생은 목돈 만드는 일이 가장 우선순위예요. 돈을 모으기 위해서는 적금이 필요하죠. 금리가 아무리 낮아도 적금은 재테크의 기본이에요. 적립한 기간만큼 이자가 발생하고 매달 일정 금액이 불입되다 보니 종잣돈을 안전하게 모을 수 있는 적금 상품을 추천해 주세요.

주택청약종합저축

내 집 마련을 위해서는 청약이 필요해요. 1인 1계좌만 가입할 수 있으며, 청약통장은 내 집 마련을 위한 첫걸음이고 집을 저렴하게 구매할 수 있는 장점이 있으니 꼭 추천해 주세요.

KB국민은행에서 추천하는 상품

1. 새내기 직장인들을 위한 통장 쪼개기 상품을 추천합니다. 만 18~38세만 가입할 수 있는 'KB마이핏통장'은 통장 하나를 관리 목적에 따라 기본비·생활비·비상금으로 분리해 관리하는 '쪼개기'가 핵심 기능이에요. 비상금으로 분리한 금액은 최대 200만 원까지 연 1.5% 이율을 제공해요.

2. 마이핏 통장과 묶음으로 판매하는 'KB마이핏적금'은 만 18세 이상, 만 38세 이하 실명 개인이 가입하는 적금 상품이에요. 매월 1,000원 이상, 50만 원 이하 금액을 자유롭게 저축할 수 있으며, 이율은 1년 기준 최고 연 2.7%(우대이율 포함)로 기존 적금보다 훨씬 높은 편이에요.

3. 소비습관이 아직 완벽히 형성되어 있지 않은 초년생은 신용카드보다는 돈 관리가 편리한 체크카드를 사용하는 것이 적절하니 '노리(nori) 체크카드'를 추천합니다. 각종 문화 여가 생활과 교통, 통신비에 혜택이 많은 체크카드예요.

스마트하게 은행 이용하기

은행 업무에 대해 잘 모르는 사회 초년생들에게 은행을 이용하는 방법에 대해 알려주는 것이 좋아요. 평생 고객으로 함께 할 수 있는 중요한 순간이므로 좋은 정보를 알려주세요.

사회 초년생들이 스마트하게 은행을 이용할 수 있는 방법으로는 어떤 것이 있는지 생각해 보세요.

사회 초년생들이 알면 좋은 은행 이용 방법은?

신용점수에 관심 기울이기

신용점수는 신용카드 이용, 연체, 대출 여부 등 과거 거래 행태를 분석해 1~1,000점으로 평가돼요. 신용조회회사 사이트에 접속해 신용점수를 주기적으로 확인하는 것이 좋고 공과금, 핸드폰 요금 등 소액이라고 연체를 무시하는 것은 금물이에요. 정기적으로 지출되는 항목들은 자동이체로 설정해 연체를 방지해야 해요.

주거래은행 징하기

적금 가입, 신용카드 및 체크카드, 대출 등 다양한 금융 거래를 각기 다른 은행에서 진행해 왔다면 분산된 은행을 하나로 정리해 주거래은행을 정하는 것이 좋아요. 은행에서 자체적으로 고객들의 은행 이용 실적에 따라 등급을 산정하고 우수고객에게는 금융거래 시 수수료 감면과 금리 우대 등 다양한 혜택을 제공하기 때문이죠. 사회생활을 시작하는 시기에 꾸준히 거래할 은행을 정해 놓고 관리하는 것을 추천해요.

체크카드 사용하기

현금과 같이 결제하는 순간 바로 통장에서 돈이 빠져나가는 체크카드는 신용카드에 비해 소비를 통제하기 용이해요. 문자 메시지 안내 서비스를 신청해 카드를 사용할 때마다 통장 잔액을 안내받으면 보다 계획적이고 신중한 소비에 도움이 돼요.

통장 쪼개기

통장을 용도별로 쪼개어 관리하면, 불필요한 돈의 지출을 막고 체계적으로 월급을 관리하는 데 효과적이에요. 월수입을 지출 용도에 따라 월급통장, 저축통장(투자), 생활비통장, 비상금통장(경조사비) 등으로 나누어 계획적인 지출 습관을 가질 수 있도록 있도록 설명해 주세요.

종잣돈 모으기

티끌 모아 태산! 부자가 되기 위한 첫걸음은 종잣돈을 모으는 거예요. 주택, 결혼 자금이나 노후를 위한 준비를 위해서만이 아니라 효과적인 투자를 하려면 충분한 목돈이 있을 때 훨씬 유리하기 때문이에요. 연 소득의 2배 등 종잣돈 목표를 세운 후, 월 수익의 50% 이상을 저축하는 것이 좋아요. 무리하게 목표를 세우면 중도 해지 가능성이 크기 때문에 소액을 시작으로 차근차근 늘려나갈 수 있도록 상담하는 것이 좋아요.

현금서비스, 카드론 등 자제하기

급하게 현금이 필요한 순간에는 쉽게 이용할 수 있는 현금서비스나 카드론을 생각할 수 있어요. 하지만 이런 대출 서비스들은 높은 이자율이 적용되어 연체 시에 신용등급에 악영향을 미치게 돼요. 연체가 되지 않더라도 습관화하는 것은 건강하지 못한 소비 습관이니 최대한 자제할 수 있도록 건강한 소비에 대해 설명해 주세요.

주택청약 가입

재테크를 시작하는 사회 초년생들이라면 한 번쯤 들어보았을 주택청약 제도! 주택을 분양받으려는 사람이 일정한 입주 자격을 갖춰 사겠다는 의사표시로 가입하는 예금이에요. 가입 대상은 연령, 자격 제한에 관계없이 국내 거주자라면 누구나 매월 2만 원 이상 50만 원 이내에서 자유롭게 납입할 수 있어요. 꾸준히 저축하면 주택 마련의 꿈과 가까워질 수 있고, 소득공제 혜택과 일부 적금 상품들보다 높은 이율을 가졌다는 장점이 있어요.

중소기업 청년들이 전세자금 대출을 받는 방법

중소(중견)기업 취업 청년 또는 중소기업 창업 청년들을 위한 전세자금 대출이 있어요. 대출 신청일 현재 재직하고 있으며, 고용보험에 가입되어 있는 청년이라면 누구나 신청할 수 있어요. 동네 미용

실이나 편의점에서 일하는 경우에도 가능해요. 만 34세 이하, 부부 합산 연 소득 5,000만 원 이하, 전세 보증금 2억 원 이하, 전용 면적 85㎡ 이하 주택이라면 남녀 누구나 연 1.2%로 최대 1억 원까지 대출이 가능해요. 꿈을 위해 새롭게 시작하는 '중소기업취업청년 버팀목전세자금대출'에 대해 설명해 주세요.

은행지점장 신만균의 하루

대학에서 경제학을 전공하고 자연스럽게 은행원이라는 직업을 선택하게 되었어요. 1993년에 은행에 입행해 올해로 벌써 29년째 은행 업무를 보고 있죠. 오늘 저와 함께 다니면서 은행지점장은 어떤 일을 하는지, 은행지점장의 하루는 어떤지 경험해 보실래요?

출근

지점 행원들은 하루 필요한 만큼 시재(현금)를 배분하고, 출납을 담당하는 직원은 ATM 기기에 현금을 보충하고, 서류와 장표를 정리하면서 업무 준비를 해요. 준비를 마치면 회의를 해요. 주요 현안에 대해 직원들과 함께 공유하는 시간을 가지면서 새로 나온 금융상품도 알려 주고 성과가 우수한 직원에게 포상도 실시해요.

오늘은 연수가 있는 목요일이에요. 연수 담당자가 주관하는 회의로 기업금융 담당 팀장, PB 팀장 등이 직원들과 함께 바뀐 규정, 지침 등 주요 문서를 공유하고 신상품이 나오면 안내장을 가지고 설명을 하는 시간이에요.

오전 영업

지점 영업을 시작하면 직원들은 방문하는 고객들에게 예금, 대출, 외환, 신용카드 업무 등의 금융 상담을 해요. 요즘은 코로나로 인해 창구마다 가림막이 설치되어 있어요. 지점 방역에도 철저히 하고 있습니다.

지점장인 저는 본부에서 제공하는 경제 관련 이슈, 주식 시황, 금융 정보를 확인해요. 예전에는 제가 직접 신문을 오려 스크랩을 했었는데 요즘은 본부에서 요약을 해서 제공해 주고 있어서 시간을 단축시킬 수가 있어요. 은행에서 제공하는 최신의 금융 정보를 모바일로 바로바로 보내주어서 유익한 정보를 신속하게 볼 수 있어 유용하게 활용하고 있어요.

점심시간

점심시간은 주로 고객과의 약속이 있어요. 오늘은 중소기업 대표님을 만났어요. 제가 활동하고 있는 비즈니스 모임의 지인을 통해 소개받았는데 현재 서울 양재동에서 의류 무역업을 하는 분이에요.

임차 사업장에서 사업을 하다 보니 월세도 내야 하고 장소도 협소해 성수동 지식산업센터 아파트형 공장을 분양받았다고 해요. 아파트형 공장을 분양받으면 계약금을 내고 중간에 중도금과 입주할 때 잔금을 정산해야 입주할 수가 있어요. 그래서 거액의 자금을 융통할 수 있는 대출금을 지원해 줄 은행을 찾고 있었던 거예요. 상담을 진행하면서 대출한도, 대출기간, 금리 등을 꼼꼼히 파악해 여러 면에서 유리한 중소기업진흥공단의 정책 자금을 제안했어요. 입주 기일에 맞춰 잔금도 치르고 입주도 무사히 마치게 됐어요.

이 회사는 외국과의 무역거래가 활발해 외환 거래도 증가 추세에 있어 환리스크를 헤지할 수 있는 선물환 거래나 통화옵션 거래 등을 제안했고, 그 외 세무, 법인자산 관리 등 회사 여건에 맞는 경영 컨설팅 자문까지 금융서비스를 한 결과 고객이 매우 만족해서 저도 큰 보람을 느끼고 있어요.

오후 영업

오후에도 직원들은 방문하는 고객들에게 금융 상담 업무를 하고 전화로 상품 설명을 하기도 해요.

고객 상담 1

저는 오후에 더 많은 고객을 만나기 위해서 외부로 섭외를 나가요. 물론 섭외 나가기 전에 고객과의 일정은 미리 확인해야 하죠. 고객을 만나 금융에 대한 애로사항도 경청하고 자금 운용 또는 지원 방안에 대한 금융 컨설팅을 하고 있어요. 고객 상황에 맞게 생애주기별로 필요하고 편리한 금융서비스를 제공하기 위해 직접 고객을 찾아가는 서비스를 실천하고 있죠. 이렇게 신뢰가 쌓이면 함께 동반 성장할 수 있는 기회가 생기기도 해요. 얼마 전에도 지인이 법인을 설립해 세무 기장이 필요한 상황이었는데 고객 중의 한 분인 회계사를 소개했어요. 지인도 전문적인 회계 컨설팅을 받고 매우 만족했고 은행과 거래처가 함께 동반 성장한 좋은 사례라 할 수 있어요.

첫 번째 고객은 산부인과 원장님이에요. 환자 수가 늘어나다 보니 의료 장비도 구입해야 하고 간호사도 더 채용해야 해서 병원 운영자금이 필요한 상황인데 은행 업무를 볼 시간이 부족한 분이죠. 은행 방문이 어려워서 직접 방문해서 상담했어요.

대출을 받으려면 은행에서는 신용평가를 진행하고 고객은 일정 요건을 갖추어야 해요. 신용평가 서류를 본인이 은행에 방문해서 제출해야 하는 번거로움이 있어 거래하는 세무사와 협조해 신용평가 서류를 받을 수 있도록 했어요. 은행 방문 없이 요청한 대출을 받을 수 있도록 도움을 준 거죠.

또 임직원 퇴직연금과 급여이체, 그 외 부수 거래에도 관심이 많은 경우라 세금을 절세할 수 있는 방법에 대해 함께 공유하고 고민하는 시간을 가졌어요. 퇴직연금 가입과 함께 근무하고 있는 간호사들의 통장 개설, 급여이체, 신용카드 발급도 했어요.

고객 상담 2

두 번째 고객은 부동산을 찾고 있는 고객이에요. 부동산을 사고팔 때는 부동산중개업소를 찾는 것이 일반적이지만 은행에서는 예금, 대출 등 고유 업무 외에도 부동산, 세무, 자산관리, 법률 등 관련 종합 컨설팅을 하고 있어요.

제가 만난 고객은 물류센터를 운영하고 있는 법인의 대표인데 물류센터를 매각하고 상업용 건물 매입을 알아보는 중이에요.

전문가와 함께 부동산 매수 상담과 가치분석, 임대관리 관련 컨설팅을 진행했어요. 고객이 원하는 상업용 건물을 매입할 수 있도록 도와 고객의 자산관리 고민을 해결했어요.

고객 상담 3

외화정기예금에 대해 관심을 가지고 있는 고객을 만났어요. 최근에 금리가 하락하고 안전자산에 대한 선호도가 높아지고 있어요. 외화정기예금은 달러가 향후 가치 상승할 것을 기대해 미리 달러를 사거나 외국에 유학할 목적이 있는 경우에 매우 유용하게 활용할 수 있어요.

지점 방문 또는 인터넷이나 모바일을 통해 가입이 가능한데 저희 PB 팀장과 함께 방문해 환율 재테크에 관심 있는 고객에게 외화정기예금을 소개했죠. 가입할 때 환율 우대를 90% 받을 수 있고, 매입한 달러를 되팔고 싶은 환율로 미리 정할 수 있어 그 환율에 도달하면 미리 지정한 원화계좌로 자동으로 해지되어 입금이 되고 정기예금이라 이자도 발생해서 매우 만족해했어요.

고객 상담 4

마지막 고객은 상공회 모임에서 알게 된 회계사예요. 직원은 10여 명이고, 세무 기장, 회계 감사 등의 업무를 주로 하고 있어요. 회계사에 관심을 가지고 있는 학생과 직장인을 대상으로 유튜브나 학원에 출강해 회계학에 대한 강의를 하는 등 하루 24시간이 모자랄 정도로 열의가 대단한 고객이죠.

자산관리 및 대출에 대한 컨설팅을 했는데 기존에 거래 중이던 은행과 금융 조건을 비교해 보더니 주거래은행을 국민은행으로 바꾸기도 했어요. 방문 이후 얼마 지나지 않아 사옥 건물을 매입했고, 저는 대출에 대한 지원을 약속했습니다.

마감

지점 영업을 마치면 직원들은 그날 발생된 출납, 신규, 해지, 제신고 업무에 대해 마감을 실시해요. 시재까지 모두 맞으면 하루 업무가 끝나요.

퇴근

오늘 하루를 복기한 후 빠트린 업무가 없는지 점검하고 퇴근해요. 오늘은 동호회 모임이 있어서 시간 맞춰 퇴근했어요.

금융
용어와
친해지기

가산금리

채권이나 대출금리를 정할 때 기준금리에 덧붙이는 금리를 뜻한다. 일종의 위험을 의미하며 스프레드(spread)라고도 한다. 은행이 대출금리를 결정할 때 고객의 신용위험에 따라 조달금리에 추가하는 금리를 말한다.

가상화폐(Virtual Currency)

온라인으로만 거래하는 전자화폐의 하나다. 전자화폐란 금전적 가치를 전자 정보로 저장해 사용하는 결제 수단이다. 정보를 담는 방식에 따라 IC 카드형과 네트워크형으로 구분하는데, 그중 네트워크형 전자화폐를 가상화폐라고 한다. 실물이 없고 가상환경에서만 통용된다는 의미가 있다. 주로 비트코인 등의 암호화폐를 일컫는 말로 사용하지만, 실제로는 암호화폐보다 폭넓은 개념이다.

고정금리

상품에 가입한 기간 동안 시중금리가 변하더라도 이자율이 변하지 않는 것을 뜻한다. 은행에서 가입하는 정기예금의 대부분이 고정금리다.

공매도(Short Stock Selling)

말 그대로 '없는 것을 판다'는 뜻이다. 주식을 보유하고 있지 않은 사람이 주식을 파는 것을 말한다. 주가 하락을 예상하여 빌린 주식을 파는 행위로서 투자자는 주식 중개인을 통해 주권을 빌린 다음 매수자에게 인도해야 한다. 먼저 사서 나중에 파는 행위와 반대로, 먼저 팔고 나중에 다시 매입하는 것이다. 만약 더 낮은 가격에 되산다면 수익을 낼 수 있다. 하지만 높은 가격에 주식을 되살 경우 손실을 보게 된다. 주식을 보유하고 있지 않고 매도가 가능한 이유 는 주식 매도 주문 시점과 실제 결제 시점이 다르기 때문이다.

금리

원금에 지급되는 기간당 이자를 비율로 표시한 것이다. 원금에 비해서 이자 를 받은 만큼을 이자율로 표시하는데 이 이자율을 금리라고 한다.

기준금리(Base rate)

중앙은행인 한국은행이 시중의 돈의 양을 조절하기 위해 인위적으로 결정하 는 금리다. 보통 은행 예금의 이율은 정부에서 정한 기준금리에 각 금융사마 다 금리를 더 추가한 것이다. 그래서 기준금리가 높아지면 예금 이율도 상승 하고, 기준금리가 떨어지면 은행 이율도 하락하는 것이다.

긱 경제(Gig Economy)

기업에서 정규직 보다 필요에 따라 단기 계약직이나 임시직 인력을 활용하고 대가를 지불하는 경향이 커지는 경제상황을 말한다.

나스닥(National Association of Securities Dealers Automated Quotations, NASDAQ)

첨단 벤처 기업이 상장되어 있는 미국의 장외 주식시장이다. 특정 거래소가 아닌 전미 증권협회가 운영하는 컴퓨터 전산망을 통해 거래가 이뤄진다. 나스닥에서 거래되는 종목은 정보통신 등 첨단 관련주나 벤처기업 관련 주식이며 애플, 마이크로소프트, 인텔 등 글로벌 하이테크 기업들이 다수 상장되어 있다. 한국의 코스닥(KOSDAQ)은 나스닥을 본떠 만든 것이다.

낙수효과(Trickle-Down effect)

대기업과 고소득층의 부가 늘어나면 이들의 소비와 투자가 확대되고 이는 중소기업과 저소득층의 소득 확대로 이어져 경제 전반에 선순환 효과를 준다는 이론이다.

넛지 효과(Nudge Effect)

넛지의 사전적 의미는 옆구리를 팔꿈치로 슬쩍 건드리는 것을 말한다. 부드러운 개입으로 타인의 선택을 유도하는 방법을 넛지효과라고 한다. 리처드 탈러 시카고대 교수와 캐스 선스타인 하버드대 로스쿨 교수의 공저「Nudge」에 소개된 이후 널리 알려진 용어. 강요에 의하지 않고 자연스럽게 선택을 이끄는 힘은 생각보다 훨씬 효과가 있다.

노란 경제(Yellow Economy)

2019년 6월부터 시작된 홍콩 송환법 반대 시위를 계기로 나타난 이색 소비 형태다. 홍콩 시위에 친화적인 상점은 '노란 상점'으로, 친중·반(反) 시위 성향을 가진 상점은 '파란 상점'으로 구분해 지지 또는 불매 운동을 벌인 데서 비롯되었다. 정치, 경제, 관광, 문화에까지 어마어마한 위력을 발휘하고 있기

때문에 홍콩과 관련된 관광과 투자 등에 있어 모르면 절대 안 되는 금융용어
이다.

뉴노멀 중년(New Normal Middle Age)

젊은 세대에게 뒤처지지 않게 취미활동을 즐기는 40~50대를 말한다. 은퇴
후에도 활발한 소비를 하며 여가생활에 힘쓰는 중년, 노년을 뜻한다.

다우존스 지수

가장 오래된 주가 지수이다. 대표적인 주가 30개를 대상으로 산술평균한 지
수이며, 미국 증권시장 동향과 시세를 알려준다. 대상 종목의 주가 합계를 종
목 수로 나누어 산출한다.

단리(simple interest)와 복리(compound interest)

단리는 투자원금에 대해서만 이자가 붙는 방식을 말한다. 즉, 원금에 대해서
약정된 이자율과 기간을 곱하여 이자를 계산하는 방식이다. 복리는 투자원금
에서 발생한 이자를 다시 원금과 합산하게 되며, 합산된 '투자원금+이자'가
새로운 투자원금이 되어 이 금액에 대한 이자가 붙는 방식을 말한다. 즉, 일정
기간 이자가 발생된다면 다음 회차에는 이자가 합산된 원금 총액에 다시 이
자가 붙게 되는 방식이다. 복리효과는 간단히 말해 이자가 이자를 낳는 원리
다. 시간이 지날수록 추가되는 이자 부분이 커지면서 전체 저축 원리금이 기
하급수적으로 늘어난다. 저축 기간이 짧으면 복리효과가 크지 않은 반면 저
축 기간이 길면 길수록 이자금액이 크게 벌어지게 된다.

디폴트(Default)

은행 융자나 공사채 등에 대해 채무자가 원리금을 갚지 못하게 되는 것을 의미한다. 다른 말로는 '채무 불이행'이라고 한다. 국가가 대상인 경우에는 국가부도를 의미하기도 한다. 모라토리엄이 빚의 상환을 일시적으로 미루는 채무지급유예 상황이라면, 디폴트는 아예 빚을 갚을 수 없는 상황에 빠졌거나 갚을 의지가 없는 것으로 해석된다.

레몬 마켓 / 피치 마켓 (Lemon market / Peach market)

레몬 마켓은 시고 맛없는 레몬이 많이 유통되는 시장을 말한다. 레몬은 먹음직스럽게 생겼지만 강한 신맛 때문에 먹지 못하는 과일로 인식되면서 경제적 용어로는 겉으로는 멀쩡하지만 속을 들여다보면 저품질의 상품들이 가득한 시장을 뜻한다. 피치 마켓은 레몬 마켓과 반대되는 개념으로 정보의 비대칭성이 적고 판매자들의 품질 경쟁이 높아 가격 대비 질 좋은 상품이나 혜택을 누릴 수 있는 시장을 뜻한다.

레버리지(leverage)

'지렛대'라는 의미로 금융계에선 차입을 뜻한다. 빚을 지렛대로 투자 수익률을 극대화하는 레버리지는 경기가 호황일 때 효과적인 투자법이다. 이는 상대적으로 낮은 비용(금리)으로 자금을 끌어와 수익성 높은 곳에 투자하면 조달 비용을 갚고도 수익을 남길 수 있기 때문이다.

롱테일(Long Tail) 법칙

80%의 비핵심 다수가 20%의 핵심 소수보다 더 뛰어난 가치를 창출한다는 이론이다. IT와 통신 서비스의 발달로 시장의 중심이 소수(20%)에서 다수(80%)로 옮겨가고 있는 것을 말한다. 별로 중요하지 않았던 틈새 상품의 매출 부분이 동물의 꼬리처럼 얇고 길게 보이기 때문에 '롱테일 법칙'이라 한다. 전체 결과의 80%가 전체 원인의 20%에서 일어나는 현상을 가리키는 파레토 법칙과는 반대되는 개념으로 역 파레토 법칙으로 불리기도 한다.

만기수익률

채권의 최종 수익률을 의미한다. 채권의 만기까지 기간별 원리 금액에 의한 현금흐름의 현재 가치의 합으로, 채권을 만기까지 보유할 경우 투자원금 대비 연간 얻을 수 있는 모든 수익이 얼마나 되는지를 나타낸 예상 수익률이다.

뱅크런(Bank Run)

예금자들이 맡겨둔 예금을 찾기 위해 한순간에 은행으로 몰려드는 현상을 뜻한다. 금융시장이 불안정하거나 예금을 맡긴 은행의 재정상태가 불안정하다고 판단될 때, 맡긴 돈을 되찾지 못할 수 있다는 불안감에 예금자들이 서로 앞다퉈 은행으로 달려가는 모습에서 유래된 용어.

법정관리

부도를 내고 파산 위기에 처한 기업이 회생 가능성이 보이는 경우에 법원의 결정에 따라 법원에서 지정한 제3자가 자금을 비롯한 기업 활동 전반을 대신 관리하는 제도이다. 법정관리를 신청하여 법원의 결정에 따라 법정관리 기업으로 결정되면, 부도를 낸 기업주의 민사상 책임이 면제되고, 모든 채무가 동결되어 채권자는 그만큼 채권행사의 기회를 제약받는다.

베블런 효과 (Veblen effect)

상류층 소비자들에 의해 이루어지는 소비 행태로 가격이 오르는 데도 일부 계층의 과시욕이나 허영심 등으로 인해 수요가 줄어들지 않고 오히려 증가하는 현상이다.

변동금리

고정금리와 반대로 기준금리에 변동이 있을 때마다 바뀌게 되는 금리를 말한다. 대출금리를 변동금리로 하면 기준금리가 하락했을 때 그만큼 대출 이자도 적게 낼 수 있다. 반대로 기준금리가 상승하면 대출 이자를 더 많이 내게 된다.

분수효과(Trickle-Up effect)

낙수효과의 반대말로, 서민과 저소득층의 소득 증대가 총수요 진작과 경기 활성화로 이어져 궁극적으로 고소득층의 소득까지 높이게 된다는 주장이다.

블랙 컨슈머(Black Consumer)

악성을 뜻하는 '블랙(Black)'과 소비자를 뜻하는 '컨슈머(Consumer)'의 합성어. 구매한 상품의 하자를 문제 삼아 기업을 상대로 과도한 피해 보상금을 요구하거나 거짓으로 피해를 본 것처럼 꾸며 보상을 요구하는 사람들을 일컫는다.

비트코인

디지털 단위인 '비트(Bit)'와 '동전(Coin)'을 합친 용어다. 지폐나 동전과 달리 물리적인 형태가 없는 온라인 가상화폐로, 정부나 중앙은행, 금융회사의 개입 없이 온라인상에서 개인과 개인이 직접 돈을 주고받을 수 있다.

사모펀드(private equity fund)

공모펀드에 대비되는 용어로, 사적으로 자금을 모아 투자하는 펀드를 말한다. 기업투자펀드라고도 한다. 소수의 투자를 받아 운영하는 것이 기본으로, 49인 이하로 한정해 투자를 유치한다. 공모펀드와는 달리 투자의 제한이 없으며 익명성이 보장된다.

사이드카(Sidecar)

주식시장의 급등락을 막기 위해 현물 프로그램 매매 체결을 잠시 중지시키는 제도이다. 오토바이의 보조 탑승장치인 '사이드카'의 이름에서 유래했다. 주식 선물 가격이 떨어지면서 현물 매도 물량이 급증해 현물 시장도 급락할 위험이 있을 때 선물 및 현물의 프로그램 매매를 5분간 중지시켜 시장을 냉각시킬 목적으로 발동된다.

상장

증권거래소에서 주권을 매매할 수 있도록 인정하는 것이다. 증권이 거래소에서 매매되면 발행회사의 사회적 평가가 높아져 증자, 기채(起債) 등이 용이해지는 등 여러 좋은 점이 있으므로 증권을 발행한 회사는 증권거래소에 상장해 줄 것을 요청하는데, 거래소는 공신력을 위해 일정한 상장심사 기준을 설정해서 선별하고 있다.

선물거래(futures trading)

미래의 일정 시점에 미리 정한 가격으로 매매할 것을 현재 시점에서 약정하는 거래로, 미래의 가치를 사고파는 것이다.

순환출자

같은 그룹에 속한 기업들이 돌이기면서 서로 자본을 대는 것을 말한다. 순환출자는 한 계열사의 경영이 악화되면 출자한 다른 계열사까지 부실해지는 악순환을 초래할 수 있는 반면, 기업들이 새로운 사업을 하는데 필요한 자본을 비교적 쉽게 구할 수 있게 해주는 긍정적인 역할도 한다.

스낵컬처(Snack Culture)

출퇴근 시간이나 점심시간 등 짧은 시간에 어디서나 간편하게 문화생활을 즐기는 새로운 문화 트렌드를 말한다. 예를 들어 지하철역, 병원 등에서 열리는 작은 음악회 같은 문화공연을 비롯해 최근에는 스마트 기기가 대중화되면서 웹툰, 웹소설 등이 대표적인 스낵컬처로 자리 잡았다.

스톡옵션(Stock Option)

기업이 임직원에게 일정 수량의 주식을 일정 기간이 지난 후에 일정 가격에 살 수 있는 권한을 부여하는 제도이다. 이 제도로 인해 영업이익 증가나 IPO 등 주식 가격이 상승하면 그 차익을 얻을 수 있다. 스톡옵션은 자사의 주식을 싼값으로 살 수 있도록 보장해 줌으로써 직원들의 근로의욕을 북돋는 일종의 보상 제도다. 회사의 경쟁력 향상을 지원하기 위한 제도이며, 자본이 부족한 중소기업도 쉽게 고급인력을 확보할 수 있다는 장점이 있다.

승자의 저주(Winner's Curse)

치열한 경쟁에서는 이겼지만 승리를 위해 능력 이상의 과도한 비용을 치른 탓에 오히려 위험에 빠지거나 큰 후유증을 겪는 상황을 말한다. 기업 인수합병(M&A)과 정부 입찰, 경매 등에서 볼 수 있다.

실질임금

노동자가 지불받는 임금의 가격을 단순히 화폐액으로 표시한 것을 명목임금이라고 하는 데 반해, 실질임금은 그 명목임금으로 실제 구입할 수 있는 상품의 수량을 나타낸다. 따라서 실질임금은 화폐액이 아니라 상품수량을 단위로 해서 표시한다.

어닝쇼크(Earning Shock)

기업들이 집중적으로 그동안의 영업 실적을 발표하는 시기를 '어닝시즌'이라고 한다. 어닝쇼크는 이 시즌에 기업이 발표한 영업 실적이 시장의 예상치 보다 훨씬 저조하여 주가에 충격을 주는 경우를 일컫는 말이다. 주가 하락으로 이어지는 경우가 일반적이다.

언택트 마케팅 (Untact marketing)

접촉을 뜻하는 콘택트에 언(un)이 붙어 '접촉하지 않는다'는 의미로, 사람과의 접촉을 최소화하는 등 비대면 형태로 정보를 제공하는 마케팅을 말한다. 즉, 키오스크, VR 쇼핑, 챗봇 등 첨단 기술을 활용해 판매 직원이 소비자와 직접적으로 대면하지 않고 상품이나 서비스를 제공하는 것이다.

엔젤계수(Angel Coefficient)

아이를 '엔젤'로 상징해 자녀 교육이나 보육이 치지하는 비용의 비중을 뜻한다. 수업비, 그 외 교육비, 용돈 등을 포함한다. 불황일수록 엔젤계수는 더 높아지는데 자녀에 대한 교육을 미래에 대한 투자라고 여기기 때문이다.

영업이익(Operating Profit)

매출총액에서 매출원가, 판매비, 일반관리비를 뺀 것으로 기업의 주된 영업활동으로 발생한 이익을 보여준다. 기업의 수익성을 보여주는 지표 중 하나다.

오픈뱅킹(pen Banking)

하나의 앱으로 여러 은행의 계좌를 조회하고, 결제 · 송금 등을 할 수 있는 금융서비스이다. 하나의 앱을 통해 모든 은행 계좌에서 결제를 비롯한 잔액, 거래내역, 계좌 실명을 조회하고 입금, 출금이체, 송금인 정보 조회 등의 금융서비스를 실시간으로 이용할 수 있는 것이다. 따라서 핀테크 기업은 오픈 플랫폼 접속만으로 은행과 연결되는 효과를 가질 수 있다.

옵션(option)

거래 당사자들이 미리 정한 가격으로 장래의 특정 시점 또는 그 이전에 일정 자산을 팔거나 살 수 있는 권리를 매매하는 계약을 말한다. 선도 및 선물, 스와프 거래 등과 함께 대표적인 파생 금융상품의 하나이다. 옵션은 매입권리가 부여되는 콜옵션과 매도 권리가 부여되는 풋옵션으로 나누어진다.

유동성(liquidity)

자산을 현금으로 전환할 수 있는 정도를 나타내는 용어로 기업의 자산을 필요한 시기에 손실 없이 화폐로 바꿀 수 있는 정도를 나타낸다.

유상증자와 무상증자

'증자'란 주식을 발행해 회사의 자본금을 증가시키는 것을 의미한다. 유상증자란 기업이 돈이 필요할 때 신규로 자기 회사 주식을 발행해 그 주식을 불특정 다수에게 팔아 자본을 조달하는 방법이다. 유상증자 시 기업은 이자를 지급하지 않고 자금을 유치할 수 있지만, 기존 주주의 입장에서는 자신이 가진 지분이 희석되므로 보유한 주식의 가치는 떨어지는 것이 보통이다. 이와 달리 무상증자는 신주를 발행하는 것은 동일하지만 아무런 대가 없이 주주들에게 무료로 주식을 나눠주는 것을 의미한다. 즉 재무제표에 있는 이익잉여금

항목을 옮겨서 자본금을 늘리는 것이다. 보통 재무구조가 건전하다는 것을 알리고 주식의 유동성을 높이기 위해 사용하는 방법이다.

인터넷 은행

영업점 없이 인터넷과 ATM, 콜센터 등으로 금융서비스를 제공하는 은행이다. 일반 은행처럼 인터넷 은행도 예·적금과 대출, 신용카드업을 할 수 있다. 기본적으로 무점포 사업이지만, 필요에 따라 소수의 영업점을 설립해 보완하는 경우도 있다. 우리나라에서는 케이뱅크(K뱅크)가 2017년 4월 3일 출범해 한국의 첫 인터넷 은행이 되었다. 2017년 7월 27일에는 카카오뱅크가 정식 영업을 시작해 두 번째 인터넷 은행이 됐다.

적금과 예금

적금은 매달 저금을 하여 목돈을 만드는 것이다. 입금의 방식에 따라 정기적금과 자유적금으로 나뉜다. 정기 적금은 한 달에 한 번, 정해진 날짜에 일정한 돈을 저축하는 상품이다. 자유적금은 한 달에 여러 번, 금액에 제한 없이 자유롭게 저축하는 상품으로 매달 일정한 금액을 넣지 못하는 경우 사용할 수 있다. 반면 예금은 한 번 목돈을 넣어두고 정해진 기간이 지나면 이자를 받는 방법이다. 꾸준히 저금을 하느냐, 아니면 한 번에 저금을 하느냐의 차이이다.

전환사채

주식으로의 전환권이 인정되는 사채를 말한다. 전환사채권자는 회사의 영업 성적이 부진한 때에는 확정 이자를 받고 호전되면 사채를 주식으로 전환해 주주가 되어 이익배당을 받을 수 있으므로 사채의 확실성과 주식의 투기성을 함께 누릴 수 있으며, 회사로서는 사채 모집이 용이하게 되어 편리한 자금조달 방법이 될 수 있다.

젠트리피케이션(Gentrification)

재건축 등으로 인해 도시환경이 변하면서 중·상류층이 낙후됐던 구도심의 주거지로 유입되고, 이에 따라 주거비용이 상승하면서 비싼 월세 등을 감당할 수 없는 원주민들이 다른 곳으로 밀려나는 현상을 말한다. 신사 계급을 뜻하는 '젠트리'에서 파생된 말로 본래는 낙후 지역에 외부인이 들어와 지역이 다시 활성화되는 현상을 뜻했으나 최근에는 외부인이 유입되면서 본래 거주하던 원주민이 밀려나는 부정적인 의미로 쓰이고 있다.

주식(stock)

기업이 필요한 자본을 조달하기 위해 주식시장에서 결정, 발행하는 증권으로 주식시장에서 거래된다. 주식시장은 기업공개(IPO)나 유상증자를 통해 주식이 발행되는 발행시장과 이렇게 발행된 주식이 거래되는 유통시장이 있는데, 주식의 유통시장에서 주가가 결정된다. 우리나라의 주식 유통시장에는 유가증권시장(KOSPI), 코스닥시장(KOSDAQ), 코넥스시장(KONEX)이 있다.

증권

재산적 가치를 나타내는 증서로 법적 공증을 통해 재산권으로 인정받은 것을 말한다.

지주회사(Holding Company)

다른 회사의 주식을 소유하여 그 회사의 사업내용을 지배하는 것을 주된 사업으로 하는 회사다. '지주'란 것이 '주식을 갖고 있다'는 뜻이다. 순수지주회사는 제조, 유통, 판매 등 일반적인 사업활동을 하지 않고 경영전략을 수립 및 자회사를 지휘하는 일만 하고, 사업지주회사는 자기 사업을 하면서 지주회사 기능을 함께하는 것을 말한다.

채권(Bond)

정부, 공공기관, 기업이 비교적 장기의 자금을 조달하기 위해 투자자들로부터 돈을 빌리고 일정 기간 후에 돌려주겠다고 약속한 채무 증서를 말한다. 채권의 발행 지격을 갖춘 기관은 법으로 성해져 있으며, 발행 자격이 있더라도 발행을 위해서는 정부의 승인을 받아야 한다.

챗봇(Chatbot)

채팅과 로봇의 합성어다. 채팅로봇. 인공지능을 기반으로 사람과 대화를 나누는 프로그램이다. 애플의 시리와 구글의 나우를 예로 들 수 있다. 메신저 상의 챗봇은 기본적인 대화뿐만 아니라 교통정보, 날씨 제공, 제품의 주문 접수와 발송 통지 등의 고객지원이 가능하다.

총부채상환비율(DTI)

총소득에서 부채의 연간 원리금 상환액이 차지하는 비율을 말한다. 대출자가 금융회사로부터 돈을 빌릴 수 있는 최대한도를 계산할 때 활용한다.

카페라테 효과(Cafelatte effect)

소액 저축의 중요성을 뜻하는 말로 무심코 사소한 것에 쓰는 낭비를 은유적으로 표현한 단어다. 하루 한잔 카페라테 값을 모으면 생각 밖의 목돈이 된다는 뜻으로 해석할 수 있다.

카푸치노 효과(Cappuccino effect)

카푸치노의 이미지에서 연상되는 것처럼 재화가 실제의 가치보다 터무니없이 높게 책정된 시장의 거품을 뜻하는 것으로 쉽게 말해 '버블경제'를 의미한다. 경기가 하락하는데도 유독 가격이 급등하며 과열되는 부동산 시장에 주로 적용된다.

캐시카우(Cash Cow)

시장 점유율이 높아 꾸준한 수익을 주지만 시장의 성장 가능성은 낮은 제품이나 산업을 말한다. 캐시카우에 해당되는 제품이나 산업은 상품의 구매를 계속해서 자극할 만큼 친밀감 있고 잘 다져진 브랜드 명성을 가지고 있다.

코스닥(Korea Securities Dealers Automated Quotation, KOSDAQ)

중소기업 및 벤처기업들이 증시에서 사업 자금을 보다 원활히 조달할 수 있도록 하게 하기 위한 증권 거래 시장. 미국의 나스닥을 모델로 1996년에 개설되었다. 코스피와 함께 한국을 대표하는 증권시장이다.

콜금리

콜금리에서 콜은 일시적으로 자금이 부족한 상태에 놓인 금융기관이 자금을 많이 가지고 있는 다른 금융기관에 자금을 빌려달라고 요청하는 것을 뜻한다. 그리고 이러한 거래가 이루어지는 시장을 콜시장이라고 부른다. 콜금리는 바로 이런 거래에서 형성되는 금리를 뜻하는 말이다.

콜옵션과 풋옵션

콜옵션은 '살 수 있는 권리'를 의미한다. 즉, 특정 주식 등의 가격이 앞으로 오를 것으로 생각하면 콜옵션을 매입한다. 예를 들어, 특정 주식을 10만 원에 살 수 있는 권리를 산 옵션 매입자라면 그 주식의 가격이 20만 원이 되더라도 10만 원에 살 수 있는 것이다. 반대로 풋옵션은 '팔 수 있는 권리'이다. 특정 주식 등의 가격이 앞으로 떨어지리라 생각한다면 풋옵션을 매입하다. 예를 들어, 특정 주식을 10만 원에 팔 수 있는 권리를 샀다면 그 주식의 가격이 5만 원이 되더라도 10만 원에 내 주식을 사달라고 매도자에게 요구할 수 있다.

크라우드펀딩(crowdfunding)

온라인 플랫폼을 이용해 다수의 소액투자자로부터 자금을 조달하는 방식이다. '군중을 통해 자금을 유치한다'는 의미로, 예비 창업자들이나 프로젝트 제안자, 창업 초기의 기업들이 온라인 플랫폼을 통해 아이디어나 사업계획을 홍보하고, 소액 투자가들로부터 자금을 조달하며, 다양한 방식으로 수익을 분배하는 형태의 투자 유치 방법이다.

통화 스와프(currency swaps)

정해진 만기와 환율에 따라 화폐를 교환하는 것이다. 계약 기간 어느 한쪽 나라가 통화스와프를 원하면 상대방 국가는 조건 없이 응해야 한다. 계약 당사자국 중 하나가 외환위기 등으로 유동성이 부족해지고, 국가 신용등급이 추락해도 상대방 국가의 통화를 빌려올 수 있다. 통화 스와프 체결은 외교 차원에서 서로 자국 통화를 교환할 정도로 깊은 사이임을 보여주는 증표이기도 하다.

투자은행

자금을 필요로 하는 기업과 투자 주체를 연결해 주는 역할을 주로 하는 금융회사다. 소비자금융뿐만 아니라 주식과 채권을 인수·판매해 기업에 장기자금을 공급하며, 인수합병이나 투자 자문 및 파생금융상품 매매 서비스를 제공하는 등 투자와 관련된 각종 지원·서비스 업무를 한다.

파레토 법칙(Pareto's Law)

상위 20% 사람들이 전체 부의 80%를 가지고 있다거나, 상위 20% 고객이 매출의 80%를 창출한다는 의미로 쓰인다. 전체 성과의 대부분(80)이 소수의 요소(20)에 의존한다는 의미다.

펀 세이빙(Fun Saving)

말 그대로 쉽고 재미있게 저축하는 방법을 뜻한다. 금융에 즐거움을 접목해 저축을 활성화시키자는 아이디어에서 시작된 개념이다. 주로 금융을 어렵게 생각하는 젊은 층을 공략하는 상품들이 펀 세이빙 방식을 추구하고 있다. 매주 정해진 요일에 소액을 납입하는 적금 상품. 개인별 저축 미션을 세우고 스마트폰 푸시 알림으로 매일 상기시켜 주는 서비스 등 다양한 형태가 있다.

펀드(Fund)

다수의 투자자들로부터 자금을 모아 전문적인 운용기관인 자산운용사가 주식, 채권, 부동산 등 자산에 투자하여 운용한 후 그 실적에 따라 투자자에게 되돌려주는 금융상품이다. 펀드의 장점은 전문가가 대신 운용하므로 시간과 노력을 절약할 수 있고 소액의 자금으로도 분산투자가 가능하므로 위험을 줄일 수 있다는 점이다.

폰지 사기(Ponzi Scheme)

허황한 고수익을 제시하며 투자자를 끌어모은 다음 나중에 투자하는 사람의 원금으로 앞사람의 이자를 챙겨주다 끝내는 사기 수법을 말한다. 대공황 4년 전인 1925년, 이탈리아 이민자인 찰스 폰지가 미국 플로리다에서 '90일 후 수익 두 배'를 내세우며 벌인 사기극에서 유래한다.

핀테크(Fintech)

'금융(financial)'과 '기술(technique)'의 합성어다. 금융과 IT의 결합을 통해 새롭게 등장한 금융서비스 및 산업의 변화를 말한다. 모바일 송금 결제, 개인 자산 관리, 크라우드펀딩이 그 예이다.

핫머니(Hot Money)

투기적 이익을 찾아 국제금융시장을 이동하는 단기 부동자금을 말한다. 외환의 수요와 공급을 교란시켜서 시장 안정성을 떨어뜨린다는 비판을 받기도 한다.

헤지펀드(Hedge Fund)

헤지는 울타리, 장벽, 방지책이란 뜻을 가지고 있다. 울타리나 장벽, 방지책을 세우는 것은 어떤 종류의 위험이 있어서 그것을 피하기 위해서다. 그러므로 헤지펀드의 뜻은 '위험을 상쇄하는 베팅이나 투자 등을 통해 손실을 피하거나 줄이려고 노력하는' 펀드를 의미한다. 다른 종류의 투자펀드와 비교하여, 리스크가 높고 정부의 규제가 적은 편이다. 고수익을 노리지만 투자위험도 높은 투기성 자본이다.

환율(Exchange Rate)

외국 돈(주로 미국 달러화)에 대한 특정 국가 화폐의 교환 비율을 말한다. 예를 들어 1달러에 1,000원이었던 것이 1,300원으로 상승하면 말 그대로 환율이 상승한 것이다. 이 경우 동일한 원화로 살 수 있는 달러 제품이 줄어들게 되니 원화 가치는 하락(원화 약세)한 것이다. 환율이 상승하면 해외에서 원화 제품이 싸지므로 한국의 해외 수출은 보통 증가한다. 반대로 1달러에 1,000원이었던 것이 800원으로 하락하면 환율은 하락한 것이다. 이 경우 같은 금액 원화로 더 많은 달러 표시 제품을 살 수 있게 되므로 원화 가치가 상승(원화 강세)했다고 한다. 환율이 하락하면 대개 수입이 증가하고 수출은 감소한다.

BIS비율

국제결제은행(BIS)이 정한 각 은행의 자기자본비율을 말한다. 은행, 종합 금융사, 신용금고 등 일반 금융회사의 건전성과 안정성을 판단하는 국제 기준으로 통한다.

CMA(Cash Management Account)

고객이 예치한 자금을 국공채 등에 투자해 그 수익을 고객에게 돌려주는 금융상품이다. 입출금이 자유롭고, 단기금융상품에 투자해 하루만 맡겨도 이자가 지급된다. 주로 종합금융회사, 증권사 등의 금융기관에서 취급하는데, 종금사 형은 예금자보호법에 의해 최고 5,000만 원까지 보호되나, 증권사 형은 예금자 보호 대상이 아니디.

ELS(Equity Linked Security)와 DLS(Derivative Linked Securities)

ELS는 우리말로 '주가연계증권'이라고 한다. 이자가 확정된 예금이나 채권과 달리 기초자산이라는 것이 있어서 이 기초자산의 가격 움직임에 따라 투자자에게 돌아가는 수익금이 결정된다. ELS의 기초자산은 주가지수 또는 개별 주식인데 이 기초자산 가격이 미리 정해 놓은 조건을 충족하면 높은 수익을 투자자에게 돌려주는 반면, 조건이 충족되지 않으면 원금 손실이 발생할 수도 있다. DLS는 증권시장에서 흔히 '파생결합증권'이라고 부르는데, ELS와 기초자산의 종류만 다를 뿐 상품 구조는 거의 같다. DLS의 기초자산은 주가지수와 주식 외에 원유, 금, 통화, 금리, 신용위험 등 매우 다양하다.

GDP(국내총생산)

한 국가 안에서 이루어진 생산 활동을 모두 포함하는 개념이다. 한 국가에서 모든 경제 주체가 일정 기간 동안 창출한 부가가치를 가리키며, 이때 소득을 낸 주체의 국적은 상관하지 않는다. 이전에는 국가의 국민이 창출하는 가치인 국민총생산(GNP)을 주로 사용했으나 글로벌 사회로 변화하면서 국내총생산에 대한 의존도가 높아졌다. 국민 생활과 복지를 판단하는 지표는 될 수 없으며, 소득의 세세한 분배 또한 알 수 없다는 한계를 지닌다.

MMF(Money Market Fund)

단기금융펀드. 고객의 자금을 모아 펀드를 구성한 후 금리가 높은 단기금융 상품에 집중 투자하는 금융상품이다. 단기 금리의 등락이 펀드 수익률에 신속하게 반영된다. 만기 1년 이내의 우량 채권에만 투자해 손실위험이 낮으며, 하루 뒤 환매해도 수수료가 붙지 않는다. 또한 가입 금액에 제한이 없어 소액 투자자도 투자할 수 있다. CMA처럼 수시 입출금이 가능하고 하루만 돈을 넣어둬도 운용 실적에 따른 이익금을 받을 수 있기 때문에 단기 자금을 운용하는 데 적합하며, 1년 이내의 우량채권에만 투자하게 되어 있기 때문에 손실에 대한 위험률도 낮은 편이다.

M&A(merger and acquisitions)

둘 이상의 기업이 하나로 통합되어 단일 기업이 되는 합병(Merger)과 특정 기업이 다른 기업의 주식이나 자산을 취득해 경영권을 획득하는 기업매수(Acquisition)가 결합된 개념이다. 외부적인 경영자원을 활용하는 것으로 기업의 성장을 도모하는 가장 적극적인 경영 기업전략이다.

IPO(Initial Public Offering)

기업공개라고 한다. 외부 투자자가 공개적으로 주식을 살 수 있도록 기업이 자사의 주식과 경영 내역을 시장에 공개하는 것이다. 주식을 공개한다는 것은 기업의 주식을 증권시장에 공식적으로 등록하는 것을 말한다. 기업의 주식이 증권시장에서 공식적으로 거래되기 위해서는 우선 상장이라는 과정을 거쳐야 한다. 기업이 주식을 상장하는 방법 중 가장 많이 사용하는 방법이다.

📝 어린 시절 이야기가 궁금해요.

🔷 서울에서 1남 1녀 중 장남으로 태어났어요. 아버지는 학교에서 아이들을 가르치는 교사였고, 어머니는 자상하시고 교육에 대한 열정이 많으셨죠. 유년 시절에는 주사도 못 맞을 정도로 겁이 좀 많은 편이었어요. 중학교 때 서초동으로 이사를 와 학교와 아파트 단지에 적응하는 데 어려움을 겪었죠. 하지만 새 친구를 사귀려고 열심히 노력했어요.

　　동물을 특히 좋아해서 집에서 개, 고양이, 앵무새, 열대어도 직접 키웠어요. 학창 시절 보이스카우트 활동도 했고, 교내에서 웅변했던 기억도 나네요.

📝 어린 시절 특별히 기억에 남는 일이 있나요?

🔷 제가 다섯 살 때인가? 여섯 살 때인가? 그랬을 거예요. 아버지와 돈암동에 있는 외갓집에 놀러 갔다가 저녁 늦게 개봉동의 저희 집으로 귀가 중이었어요. 버스를 기다리다가 아버지께 껌을 사달라고 했나 봐요. 잔돈이 없어서 지폐를 내고 거스름돈을 받고 있는 사이에 제가 버스를 타버린 거예요. 어른이 버스를 타는 것을 보고 아버지인 줄 알고 그냥 탔던 거죠. 그렇게 한참을 가다가 아버지가 아닌 걸 알고 울고불고 난리를 쳤어요. 그랬더니 버스 승객 중에

한 대학생이 저를 원래 버스 탔던 곳으로 데려다줬어요. 그때 아버지는 경찰서에 미아 신고를 해놓은 상황이어서 다시 만날 수 있었죠. 약 3시간 만에 아버지와 극적인 상봉이 이루어졌어요. 당시는 밤 12시 이후에는 통행금지가 있던 시절이라 통행증을 발급받고 집으로 무사히 귀가하게 되었죠. 해프닝으로 마무리되었지만, 미아가 될 수도 있었던 큰일 날뻔한 사건이었죠.

또, 기억나는 일은 초등학교 5학년 때였던 것 같아요. 교습 학원을 다녔는데 하루는 친구가 학원에 가지 말고 다른 데 놀러 가자고 하더라고요. 그래서 개봉동에서 장위동까지 가는 30번 버스를 타고 장위동에 갔다 온 일이 있었어요. 뭘 하겠다고 간 건 아니고 그냥 갔다만 온 거예요. 그런데 버스 기사 아저씨가 돈을 안 받는 거예요. 그냥 무료로 태워주셨죠. 그게 너무 재미있더라고요. 그래서 다음에 또 갔어요. 학원에서 수업을 받으러 오지 않았다고 집으로 연락이 오고 그렇게 몇 번 하다가 꼬리가 길면 잡힌다고 결국 모든 게 들통이 났죠.^^

그리고 광명 뒤쪽에 큰 호수가 있었어요. 겨울이 되면 호수가 꽁꽁 얼어서 얼음낚시도 하고, 스케이트장으로 운영하기도 하는 호수였죠. 그날은 날씨가 따뜻해지고 해빙기에 접어들던 시기였는데 살얼음을 잘못 짚어서 그만 물에 빠지고 말았어요. 몸 전체가

물속에 잠겨버렸죠. 옆에 있던 아저씨가 발견해서 겨우 빠져나올 수 있었어요.

📧 사건 사고가 많았네요.

📧 그런가요.^^ 그러고 보니 야구 배트에 맞은 적도 있었어요. 옆에 서 있다가 휘두른 배트에 그냥 그대로 눈을 맞았어요. 그 순간에 진짜 별이 보이더라고요. 하얗게 번쩍이는 그런 별은 처음이었어요. 그때 눈이 엄청 부어서 걱정을 많이 했는데 야구 배트가 나무 재질이어서 그런지 큰 문제 없이 완치돼서 다행이었죠. 또, 아파트 1층과 2층 사이의 출입구 난간 위에서 친구들과 놀다가 떨어져서 오른쪽 팔이 부러지기도 했고요.

어릴 때 사고를 많이 겪어서 그런지 뉴스에서 사건 사고를 보게 되면 좀 예민해지고 안전사고에 신경을 쓰게 돼요.

📧 어렸을 때 꿈은 무엇이었나요?

📧 그냥 막연했죠. 군인이 되고 싶기도 했다가, 과학자가 되고 싶기도 했고 그랬던 것 같아요. 다만, 사람들을 위해 봉사하는 직업을 가져야겠다는 생각을 했어요. 어릴 때는 금융 관련 직업을 가져보고 싶다는 생각은 하지 않았죠. 그런데 제약회사에서 은행으로

진로를 결정하면서 제 성향을 알게 된 거죠.

진로를 걱정하는 청소년들에게 자신이 좋아하는 것을 잘 알고, 좋아하는 일을 하라고 말하고 싶어요. 어떤 일이든 억지로 하는 것보다 자신에게 맞는 일을 하는 것이 가장 행복하다고 느껴지거든요.

편 학창 시절은 어떻게 보내셨나요?

신 중학교 때는 적응을 잘하지 못했어요. 아버지께서 고등학교 학생주임이셔서 엄격했는데 저는 칭찬을 받고 싶어서 항상 정해진 규칙을 잘 지키고 착한 아이가 되려고 했죠. 그러다 보니 부모님의 기대치는 높아졌고 오히려 성적은 잘 나오지 않았어요. 부모님께 받은 스트레스를 풀기 위해서 괜히 급우들을 괴롭히기도 했어요. 그때는 급우 간 문제를 해결하기 위해 건의함을 만들어 운영했는데 제가 문제아 2등으로 뽑힐 정도였어요. 사실 제가 싸움을 잘하는 것도 아니었는데 어디서 그런 배짱이 있었는지 모르겠어요. 인정을 받고 싶었던 아이의 순수한 마음이라고 생각해 주세요.^^

편 공부는 어땠나요?

신 영어 과목을 특히 좋아했어요. 선생님이 잘 가르쳐주시기도

학창 시절 친구들과 함께.

했고, 그 열정과 열의가 대단하셨죠. 저도 영어 교과서를 다 외울 정도로 재미있게 공부했어요. 학년이 끝나고 영어 선생님이 다른 반을 가르치게 되었을 때는 헤어진다는 마음에 속상하기도 했죠.

중학교 3학년 때 강남으로 전학을 왔는데 예전 학교와 학습 분위기가 너무 다른 거예요. 그래도 반 학우들은 대부분 친절했어요. 성적이 잘 나오지는 않았지만, 담임선생님과 친하게 지냈던 친구들이 잘 도와줘서 원하는 고등학교로 진학하게 되었죠.

고등학교 때는 국어와 화학이 좋았어요. 우리 학교가 20반까지 있었는데 문과 8반, 이과 12반으로 저는 이과반이었어요. 3년 동안 학교, 집, 자율학습의 반복이었죠.

편 대학 생활은 어떠셨나요?

신 재미있게 다녔어요. 중·고등학교 때 못했던 공부를 대학교에 가서 열심히 했어요. 아쉬운 점은 제가 ROTC를 하면서 동아리 활동을 못했다는 거예요. 사실 그때 응원단에 들어가서 활동해 보고 싶었거든요. 당시 중앙대학교 농구부가 유명했어요. 응원단도 멋있었죠. 대학 때 응원단을 못한 게 아쉬웠는데 최근에 서초부동산 최고경영자과정에서 탈춤을 배웠어요. 그때 하지 못했던 한을 이제야 좀 풀었다는 생각이 들어요.

편 직업관을 형성하는 데 도움을 받은 책 또는 영화가 있나요?

신 〈사운드 오브 뮤직〉이라는 영화를 아주 감명 깊게 봤어요. 오케스트라에선 단원들의 호흡과 화음이 중요하잖아요. 어느 한 사람이라도 잘못하면 이상한 소리가 나오기 때문에 구심점이 되는 인물을 중심으로 똘똘 뭉쳐서 아름다운 화음을 만들어 가죠.

마찬가지로 은행에서 근무하는 직원들이 모두가 한마음으로 노력할 때 좋은 성과를 만들 수 있다고 생각해요.

최근에 탈춤을 배우기도 했다.

편 제약회사나 은행은 영업이라는 측면에서는 비슷하다고 생각하는데 다른가요?

신 아무래도 전문 분야의 차이인 것 같아요. 제가 상경계 전공이기 때문에 경제 분야에 대해서는 잘 알고 있었지만, 제약회사에서 근무하려면 완전히 새로 시작해야 하잖아요. 그런 부담감이 있었어요. 게다가 처음 발령받았을 때가 여름이었어요. 의료 카탈로그를 챙겨서 몇 군데 병원을 돌고 나니까 은행에서의 근무를 더 절실

하게 원하게 되더라고요.

마침 은행에서 합격 통지서가 와서 바로 옮기게 된 거죠. 막상 은행 일을 해 보니 저와 잘 맞았어요. 제약회사 영업은 찾아가는 방문 영업이잖아요. 귀찮아하는 상대에게도 말을 많이 하면서 홍보를 해야 하는 방식이죠. 하지만 은행은 상담을 하는 거거든요. 말을 하는 것보다 오히려 들어주는 것이 좋아요. 그리고 문제를 해결할 수 있도록 도와주는 방식이어서 저와 잘 맞았다고 생각해요.

편 돌이켜봤을 때 가장 잘했다고 생각하는 일은 무엇인가요?

신 ROTC(학군사관후보생) 생활을 하면서 가치관이 바뀌었다고 생각해요. 지금도 그 친구들하고 허심탄회하게 이야기할 정도로 친하게 지내고 있어요. 대학교 3, 4학년 때 훈련을 같이 받으며 많은 시간을 같이 보내서 그런지 아주 막역한 사이죠.

그리고 소대장으로 군 생활을 했는데 사회에서는 10~30명 정도의 인원을 통솔하는 경험을 하기가 쉽지 않아요. 다양한 가치관을 가진 사람들과 인간관계를 맺으면서 쌓은 경험들이 돈 주고도 살 수 없는 값진 것이었고 지금도 저의 든든한 버팀목이 되어 주고 있어요.

ROTC 생활과 군에서의 리더십 경험이 사회생활에 도움이 되었다. 동기들과는 여전히 친하게 지내고 있다.

Job
Propose 41

📖 본인의 장점과 단점은 무엇인가요?

📘 장점은 사람들을 편하게 해준다는 점이에요. 이야기할 때 상대방 입장에서 들어주고 공감하는 것 같아요. 단점은 어려운 문제가 생기더라도 혼자 해결하려고 하고 사람들에게 거절이나 싫은 소리를 잘 못하는 성격이에요.

📖 최근에 새롭게 도전하는 분야가 있나요?

📘 직원 육성 분야예요. 예전에는 금융 상담을 전화나 방문을 통해 했잖아요. 그런데 지금은 로봇이나 AI가 대체하고 있어요.

그렇다면 은행 직원들은 무슨 일을 해야 할까요? 경쟁력 있는 다른 일을 익혀야 하겠죠. 또 정보의 비대칭성이라는 장벽이 없어지면서 상담 능력을 높여 경쟁력을 갖추어야 해요. 직원들이 하고 있는 업무에 보람과 자부심을 느낄 수 있도록 도와주고 싶어요.

📖 앞으로의 목표는 무엇인가요?

📘 초심의 마음으로 고객을 돕고, 고객과 평생 파트너가 되고, 고객의 행복을 통해 더 나은 세상을 만들고, 금융생활을 통해 세상을 바꾸어 나가는 은행원이 되고 싶어요.

편. 마지막으로 은행원을 꿈꾸는 청소년들에게 응원의 한 말씀 부탁드릴게요.

신. 기회는 준비하는 자에게 온다는 말이 있어요. 세상에는 많은 직업들이 있죠. 담대한 목표를 가지고 본인의 적성을 잘 파악해서 하고 싶은 일, 꿈을 펼칠 수 있는 일을 찾아서 꾸준히 정진한다면 누구나 원하는 목표를 이루지 않을까 생각해요.

청소년 여러분!

도전하세요. 정직한 윤리의식을 바탕으로 사람 만나기를 좋아하고 배려와 공감하는 역량을 갖추고 있다면 은행원으로서 필요한 자질이 있다고 생각해요.

청소년 여러분의 꿈과 희망을 응원합니다.

청소년들의 진로와 직업 탐색을 위한
잡프러포즈 시리즈 41

성장을 도와주는
은행원

2021년 3월 12일 | 초판 1쇄
2024년 8월 14일 | 초판 3쇄

지은이 | 신만균
펴낸이 | 유윤선
펴낸곳 | 토크쇼

편집인 | 김정희
디자인 | 이민정
마케팅 | 김민영

출판등록 2016년 7월 21일 제2019-000113호
주소 | 서울시 마포구 월드컵북로 98, 202호
전화 | 070-4200-0327
팩스 | 070-7966-9327
전자우편 | myys327@gmail.com
ISBN | 979-11-91299-07-6 (43190)
정가 | 15,000원